戦国 忍びの作法

監修　山田雄司

はじめに

人並み外れた能力を持つ
謎多き忍者の実像に迫る！

　小説・映画・アニメ・ゲームなどを通じてさまざまな像が創られ、人々に親しまれている忍者。巻物を口にくわえたかと思うと、「ドロン！」と目の前から姿を消してしまう。または、ピンチになると呪文を唱えて、巨大なガマガエルに変身して敵を丸呑みしてしまう。江戸時代以来、国内外を問わず人々を魅了させてきた忍者の魅力は、おそらくこの神秘的なかっこよさにあるのだろう。ただ、このような忍者はあくまでも虚像であり、人々の手によって尾ひれがついたものである。では、忍者の実像とはいかなるものであったのか？

変幻自在で、どこにでも忍び込み、主君から命じられた任務を確実に遂行する。しかも、その仕事は、世の中を変えてしまうほどの大きなことを成し遂げたにもかかわらず、決して痕跡を残さない。また、火器や水器の使用もお手のもので、交際術や対話術、記憶術などにも長けている。さらには、医学や薬学への知見もある。

　虚像の忍者のような派手さはないが、これらは忍者本来の姿に限りなく近い。忍者は当時の軍事スパイ組織であり、そこには当時の最先端の「科学技術」が集約されていた。彼らが持っていた智恵や技をひとつひとつ紐解くと、驚きの連続である。

　本書では、近年解明されつつある忍者の実像に迫り、驚異的な忍者の知恵と技について明らかにしていきたい。

山田雄司

早わかり忍者 ①
忍者の誕生と終焉までの歴史

忍者がもっとも活躍したのは、戦国時代から江戸時代にかけて。また、起源を辿れば飛鳥時代まで遡り、終焉は明治時代に至る。まずは彼らがそれぞれの時代に、何のために存在していたのかを考察してみたい。

飛鳥時代
(592年〜710年)

奈良・平安時代
(710年〜1185年)

鎌倉・南北朝時代
(1185年〜1392年)

古くは大伴細人（細入）という人物が「志能便」として聖徳太子に仕えたと、16世紀の『忍術秘書応義傳』に書かれているが、史実としての信憑性は低いというのが最近の研究においての定説だ。

平安時代には甲賀と伊賀の祖が登場。平氏と源氏の戦いでは忍者が活躍したといわれ、伊賀忍者の祖とされる服部平内左衛門家長が平氏側に仕えた。平将門の乱で活躍した望月三郎兼家は、甲賀忍者の祖とされているが定かではない。

忍者の存在が史実として確認できるのは、南北朝時代を舞台にした軍記物『太平記』であり、荘園制支配に抵抗した悪党が

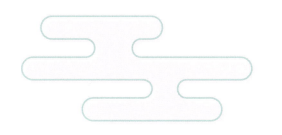

戦国時代
（1493年〜1590年）

江戸時代
（1603年〜1867年）

明治時代
（1868年〜1912年）

忍者の起源であると考えられている。
　戦国時代は忍者がもっとも活躍した時代であり、各地の大名は恩賞でその働きに報いた。伊賀・甲賀以外に楠木流や義経流などの流派が生まれ、役割も諜報専門、ゲリラ戦専門など細分化された。
　合戦のない江戸時代には、幕府が江戸城警護や各藩の謀反を防ぐための情報収集などで忍者を使ったが、戦国時代ほど需要は高くなかった。
　明治時代になると完全に忍者の仕事はなくなり、知識や経験を活かして警察官や花火師、医者や薬屋など、さまざまな職業に就き、バラバラに散っていった。

早わかり忍者 ②
伊賀と甲賀が忍者の出発点

伊賀と甲賀で高度に発展を遂げた忍者。それぞれの祖先は平安時代まで遡るとされるが、なぜ彼らはこれらの地に根づき、「忍者のふるさと」といわれるまでになったのだろうか？ その起源と歴史について紹介したい。

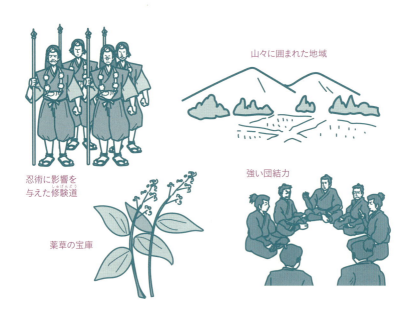

忍術に影響を与えた修験道

山々に囲まれた地域

薬草の宝庫

強い団結力

　伊賀は現在の三重県西部、甲賀は滋賀県南部にあたり、このふたつは隣接する位置関係にある。
　伊賀と甲賀の山々では修験道という山岳信仰が盛んで、修験道を修行する山伏たちが多くいた。彼らは厳しい修行を行うことで高い身体能力を身につけ幅広い知識を持っていたため、それらが忍術に影響を与えたとされている。
　伊賀と甲賀は政治の中心だった京都から近く、都から多くの最新情報を集めることができた。また、他の地域と比べて大名の支配力が弱く、里の人々は自分たちで政治を行っていた。そのため団結力が強く、外部からの侵攻を防ぐために高い戦法スキルを身につけていったという。

鈎の陣

天正伊賀の乱

　こうした好条件が重なって伊賀と甲賀は栄えていくのだが、彼らを一躍有名にしたのが1487年の「鈎の陣」である。伊賀と甲賀の忍者は、室町幕府と敵対していた六角氏側に協力して、幕府軍に大打撃を与える活躍を見せた。

　さらにもうひとつ、忍者の名が全国に知れ渡った戦として、1587年の「天正伊賀の乱」が挙げられる。この戦では、織田信長の次男・信雄の8,000の軍勢に対し、伊賀衆はわずか1,500の軍で大勝利。夜襲や攪乱、奇襲といった忍者ならではの戦術が繰り広げられたという。

　その後、数々の戦によって全国にその名を轟かせ、伊賀と甲賀の忍びたちは広く知られるようになったのである。

早わかり忍者 ③
日本全国忍者MAP

忍者の数が圧倒的に多かったのが戦国時代。諜報活動を主な任務として、全国各地の大名に雇われた。その多くは伊賀または甲賀の出身だったが、「忍者」という呼称ではなく、さまざまな呼び方をされていた。

① 山潜り（鹿児島県）
島津家に仕えた忍者。草かげにひそみ敵に襲いかかるゲリラ戦法を得意とした。

② 秘密役（福岡県）
名軍師・黒田官兵衛で有名な福岡藩に仕えた忍者の名称。甲賀がルーツとされる。

③ 外聞（広島県）
引光流と福島流などの流派があった。甲賀の流れをくむとされる。

④ 甲賀者（滋賀県）
鈎の陣で活躍した甲賀五十三家からさまざまな流派が誕生。各地の大名に召し抱えられ活躍した。

⑤ 根来衆・雑賀衆（和歌山県）
根来寺の僧兵集団で、鉄砲部隊として活躍。楠木流や名取流などの流派があった。

⑥ 伺見（奈良県）
伺見の他、奪口、水破と呼ばれる忍者がいた。楠木流、九州流などの流派があった。

⑦ 伊賀者（三重県）
伊賀の忍者は全国各地の大名に召しかかえられていた。甲賀と並ぶ忍者のふるさと。

⑧ 饗談（愛知県）
織田信長が尾張にいたときに仕えていた忍者。情報収集や謀略を主に行った。

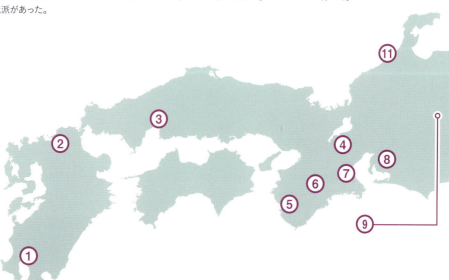

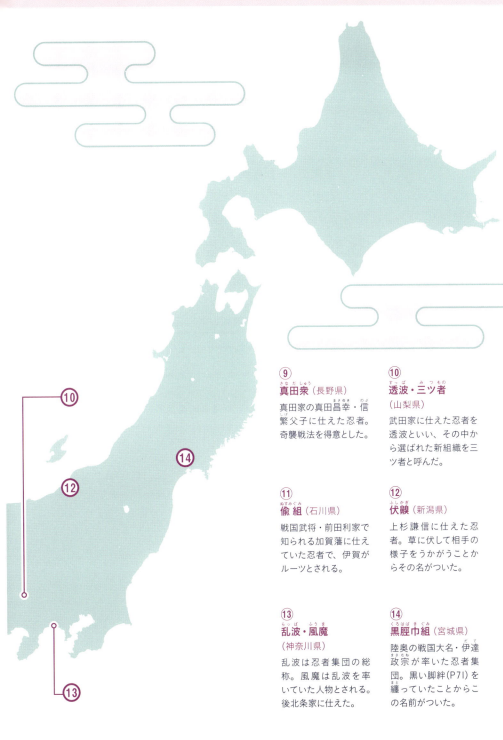

⑨ 真田衆（長野県）
真田家の真田昌幸・信繁父子に仕えた忍者。奇襲戦法を得意とした。

⑩ 透波・三ツ者（山梨県）
武田家に仕えた忍者を透波といい、その中から選ばれた新組織を三ツ者と呼んだ。

⑪ 偸組（石川県）
戦国武将・前田利家で知られる加賀藩に仕えていた忍者で、伊賀がルーツとされる。

⑫ 伏嗅（新潟県）
上杉謙信に仕えた忍者。草に伏して相手の様子をうかがうことからその名がついた。

⑬ 乱波・風魔（神奈川県）
乱波は忍者集団の総称。風魔は乱波を率いていた人物とされる。後北条家に仕えた。

⑭ 黒脛巾組（宮城県）
陸奥の戦国大名・伊達政宗が率いた忍者集団。黒い脚絆(P71)を纏っていたことからこの名前がついた。

contents

- 2 はじめに
- 4 早わかり忍者 ① 忍者の誕生と終焉までの歴史
- 6 早わかり忍者 ② 伊賀と甲賀が忍者の出発点
- 8 早わかり忍者 ③ 日本全国忍者MAP

一章 暮らしの作法

忍びの日常

- 16 忍術修行は午後だけ。午前は農業や家事に勤しんだ
- 18 忍者は体重60kgを超えてはいけなかった
- 20 3個食べれば元気もりもり！ 特製団子が忍者の携帯食
- 22 警報装置に迎撃システムまで！ 忍者屋敷はセキュリティ万全
- 26 自分の身は自分で守る！ リーダー不在の伊賀と甲賀

忍びの修行

- 28 武器の扱いや薬草の知識を3歳頃から叩き込まれた
- 30 すーすーはーのリズミカルな呼吸法が高い持久力の秘訣

二章 忍術の作法

忍術の基本
- 36　忍者は肉体派と頭脳派で役割分担されていた
- 38　僧侶や芸人になりすまして敵国の関所を突破した
- 40　感情と欲望を揺さぶり敵の心理を自在に操った
- 42　四つん這いのつま先立ちが床下を歩くときの基本スタイル
- 44　遠隔地の任務に備えて普段から走り込んで鍛えた
- 46　忍者の跳躍力は五輪記録を超えていた
- 48　狸や狐、うずらが師匠!? 意表を突いた隠れ方

遁走術
- 50　敵から逃れる際に炎を出して足止めをした
- 52　天気や自然、動物、虫まで! 使えるものは何でも使う逃走テク

幻術・呪文・呪術
- 56　「分身の術」の正体は暗示によるトリックだった
- 58　精神統一や災いを退けるために決めポーズで呪文を唱えた
- 60　任務のプレッシャーは呪術と占いではねのける

その他の忍術
- 62　敵の注意を逸らす手段としてネズミや猫の鳴き声を習得した
- 64　大事なことを記憶するのに体を傷つけ痛みで覚えた
- 66　女忍者のくノ一は架空の人物だった

三章 忍具の作法

忍びの身なり

- 70 忍び装束のトレンドは黒ではなく紺色や茶色
- 72 手ぬぐいや筆記用具は諜報活動に欠かせない
- 74 平型だけでなく棒状の手裏剣もあった
- 78 吹き矢の筒は笛にもなる絶対バレない暗殺道具
- 80 武士がサブに持っていた刀を忍者はメインの刀として用いた

仕込み武器・隠し武器

- 84 相手を油断させるために武器は杖や扇に仕込んだ
- 88 農具で使う鎌を武器として使用した

火器・水器・開器・登器

- 92 武器、照明、合図、通信 etc. 火器があれば何でもできる!
- 96 轟音をまき散らす銃は重用しなかった
- 98 水の上を歩くことができる忍者の道具は存在しなかった
- 100 忍者はピッキングのプロ! どんな扉もこじ開けた
- 104 竹が一本でもあれば梯子を即座につくれた
- 106 苦無は武器ではなく穴掘りをするための道具

その他の忍具

- 108 盗み聞きをするときは竹製の筒を使っていた
- 110 薬にも毒にも精通―― 忍者は戦国時代の薬剤師

四章 仕事の作法

忍びの掟
- 116 破壊工作から暗殺まで裏稼業を何でもこなした
- 118 忍者の雇用形態は正規雇用と派遣の2種類
- 120 殺人すらも正義と捉えた忍者の精神鍛錬法
- 122 10の条件を満たした者だけが最高クラスの忍者になれる
- 124 道に迷ったときは馬の後ろをついて歩いた

忍びの事前工作
- 128 人相や態度で本心を見抜く忍者の高度な分析力
- 130 交友関係や家族構成まで敵の情報を細かく調べ上げた
- 132 敵方に潜入するときは宴会のある晩を狙った
- 134 侵入しづらい絶壁を登り敵の意表を突いた
- 136 警備の交代直後が狙い目　忍者の華麗なる潜入術
- 138 潜入に適しているのは足音がかき消される風の強い日
- 140 高度な測量技術を持ち戦いを有利に運んだ

忍びのホウレンソウ
- 142 狼の糞は発色がいい!?　狼煙は素材まで吟味した
- 144 忍者専用の文字を使って情報漏洩を防いだ
- 146 「山」といったら「川」?　忍者が使った合言葉
- 150 積み上げられた石が仲間との交信手段だった
- 152 忍者は北斗七星の位置で時刻を確認していた

忍びの破壊工作

- 156 任務を遂行するために何年もスパイ生活を送る者もいた
- 160 敵組織の中にいる不遇な者を見つけ出して内紛を仕掛けた
- 162 嘘の情報ひとつで一国を崩壊に導いた
- 164 敵軍の野営地に潜み騒ぎを起こして混乱させた
- 166 敵軍の出陣時が潜入する好機！ 忍者は荒探しのプロ
- 168 あえて隙を見せることで敵方にも隙を誘った

- 171 大江戸 忍び図鑑

- 181 歴史にその名を刻んだ忍者たち

- 186 忍者年表
- 190 参考文献

コラム

- 34 門外不出！ 秘伝の忍術が記された奥義書
- 68 忍術の心得を和歌の形で編んだ『義盛百首』
- 114 身体能力の高さだけでなく頭のよさも申し分なし！
- 170 忍者は武士と比べると命を落としやすい？

一章

暮らしの作法

闇夜に紛れて屋敷に忍び込み、天井裏から聞き耳を立てているようなイメージが浮かぶ忍者。しかし、彼らにも何気ない日常生活が存在する。昼間は何をしていた？ 普段は何を食べていた？ どんな場所に住んでいた？ など、忍者たちのリアルな生活事情を探る。

忍術修行は午後だけ。
午前は農業や家事に勤しんだ

該当する時代	室町後期	戦国前期	戦国中期	戦国後期	江戸初期

該当する地域	伊賀	甲賀	その他

暮らしぶりは農民とほとんど変わらない

　任務のない平時、忍者たちはどのような暮らしをしていたのか。

　忍者の里として有名な伊賀について書かれた『伊乱記』には、戦国時代の伊賀の人々をこう記している。「平生は寅の刻に起きて、午の刻まで家業に精を出し、その後は夕方まで武芸や弓馬の稽古をした」という。

　寅の刻とは現在でいう午前4時、午の刻は正午を指す。つまり、当時の忍者は夜明けとともに起きて、午前中は農業などの家事に従事していた。そして忍者として必要な武芸や弓、馬の鍛錬は、午後から日が暮れるまで続けていたことになる。

　命をかけて任務を遂行するという厳しい世界に身を置く忍者だが、その暮らしぶりは米や野菜を育て、自分たちの服をつくり、農具の手入れをするなど、普通の農民と変わらない部分も多かったようだ。しかし、そうした自給自足の生活の中で身につけた大工や鍛冶などの技術は、忍者としての活動に役立つものだったという。

　また、忍者が着用した忍び装束は農作業の際に着る野良着に似ており、武器も農具を活用したものが多かった。農民に扮して敵の目を欺くという目的があった一方、農民としての知識や経験が任務に活かされていたともいえる。

　半農半士ともいえる暮らしの中で、里の者たちが大切に守り通したのが、口伝される忍術、鉤縄やまきびしといった忍具のつくり方、任務に不可欠な火薬の調合法などであった。そうした門外不出の技法の数々は、年老いた者や任務中の怪我により現役を退いた者たちなどが、若手に伝授するケースが多かったようである。

　忍者としての鍛錬、日々の生活を支える家事、そして次の世代の育成の3つこそが、普通の農民とは違う忍者特有の暮らし方だったことがわかる。

一章　暮らしの作法

忍びの日常

任務がないときの過ごし方

厳しい任務をこなす忍者にも平穏な日常の暮らしがある。そんなとき、彼らは何をしていたのだろうか。

一日の流れ

午前4時
日が昇る前に起床し、ひと仕事を終えたあと朝食を摂った。

午前中
朝食後は正午まで農業や林業など、各自家業に励んだ。

午後
休憩後(昼食は摂らない)、夕方まで武芸、弓、馬などの軍術・兵術の訓練に励んだ。

午後6時
日が沈む頃帰宅し、夕方くらいに食事を摂る。日が暮れると床についた。当時の食事は朝と夕方の2回が一般的。

Column

忍者はきれい好き

自分の臭いで相手に気づかれるのを避けるため、忍者は体臭や口臭が出ないように食べ物に気を遣っただけでなく、衣服をよく洗濯し、風呂にもよく入って体臭を消したという。

暮らしの作法 その二

忍者は体重60kgを超えてはいけなかった

| 該当する時代 | 室町後期 | 戦国前期 | 戦国中期 | 戦国後期 | 江戸初期 |

| 該当する地域 | 伊賀 | 甲賀 | その他 |

主食はヘルシーな雑穀 食に関する独特の教えも多数

　忍者は健康に人一倍気を遣っていたといわれている。当然、食べ物にも注意が払われ、高タンパク質で低カロリーな食事が心掛けられていた。

　主食はヒエやアワなどの雑穀でつくられた粥。たまのご馳走としてビタミンやミネラル、食物繊維が豊富な玄米やハト麦を食べていた。副菜には山菜や野草、畑で収穫された野菜、川で獲れた魚などが食卓に並んだ。全体として低カロリーで低脂肪なヘルシー食が中心であり、これは人間離れした体術を駆使するための体重管理に由来する。忍者には、体重が米俵1俵（およそ60kg）以上になってはいけないという掟があったといわれている。

　ちなみに、忍者の里の伊賀がある津藩が編纂した『宗国史』には、庶民があまり米を食べていなかったことが記されている。明治以降の調査ではあるが、この地域では穀物を粥にしてかさ増しした「おかい（お粥）」が定番の食べ方であったという。半農半士であった忍者も、もれなくこの食べ方をしていたことが考えられるため、慎ましい食生活であったに違いない。

　なお、忍者には代々伝わる特別な教えがあったという。そのひとつが、体に臭いがつくニラやネギ、動物の肉を食べないというもの。隠密行動中に臭いで敵に気づかれてしまっては元も子もない。また動物の肉は、血が濁り勘を狂わせるとされていた。

　ただし例外があり、動物の卵、とくにうずらの卵はよく食べていたとされる。忍者の術として、うずらのように隠れる「うずら隠れ」（※P48）というものがあるが、うずらの卵を食べるとこの術の威力が増すと信じられていた。

　また、黒い食べ物は人を元気にすると信じられており、黒ごまや黒大豆、黒砂糖なども好んで食べていたという。

一章　暮らしの作法

忍びの食卓

食事には忍者ならではの工夫があった

健康を維持し、人間離れした術を駆使できる身体をつくるため、筋肉づくりにぴったりな大豆食品をよく食べていた。

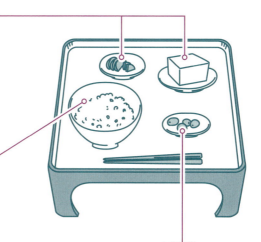

おかず

豆腐や納豆、みそなどの大豆食品が中心。野菜や山菜、野草を使った漬物など。魚を食べることもあったが、肉は宗教上タブー視されていたため食べなかった。

主食

白米ではなく、アワ、キビ、ヒエなどの雑穀、たまに玄米や麦を食べた。水でかさを増してお粥として食べることも多かった。

健康食

黒い色の食材

疲れを取る黒砂糖、歯や骨を丈夫にする黒ごま、タンパク質を含む黒大豆など。

うずらの卵

食べれば、うずらに由来した術「うずら隠れ」がうまくなると信じられていた。

木の実

マツの実、カヤの実など。栄養価が高く、カヤの実は五感を鋭くするとされた。

Column

忍者の体重は米俵1俵分がちょうどいい

忍者の体重制限は米俵1俵分の60kgとされるが、なぜ米俵が目安なのか。忍者は天井からぶら下がるのに必要な指の力を鍛えるために、日頃から米俵を親指と人差し指の2本で持ち上げる訓練を行っていた。そのため米俵より自分の体重が軽ければ、片手で天井からぶら下がることができた。また、年貢の米俵に化けて屋敷や城へ潜入することもでき、町人が屋敷に年貢を納める際、米俵に隠れて忍び込むことができたのだ。体重が軽すぎても重すぎても気づかれてしまうため、なるべく米俵と同じくらいの体重が求められた。

暮らしの作法 その三

3個食べれば元気もりもり！
特製団子が忍者の携帯食

該当する時代	室町後期	戦国前期	戦国中期	戦国後期	江戸初期

該当する地域	伊賀	甲賀	その他

🌀 いつでもサクッと簡単に！忍者めしの真実

　任務に就くと、忍者は一日中走り回ったり、狭い屋敷の天井や床下に隠れたりと、食事をゆっくり摂る時間がない。空腹に耐えられるような訓練もしていたが、さすがに何日も飲まず食わずではいられない。そこで、保存性がありながら持ち運びも容易な非常食を携帯していた。

　もっとも一般的だった携帯食が「兵糧丸」である。もち米や蓮の実、山芋、朝鮮人参などの生薬に大量の氷砂糖を加えて、2cmほどの団子状に練り固めて乾燥させたものである。生薬には滋養強壮、疲労回復、下痢止めなどの効果があった。また、氷砂糖は防腐効果がある他、疲労回復や脳の活性化に役立ったといわれている。

　兵糧丸にはいくつかのつくり方が存在し、干し鮑や干し鮭が入ったタンパク質が豊富なものや、もち米やうるち米をたっぷりと使用した炭水化物がメインのものまで実にさまざま。忍者は薬学の知識があったので、自身に不足している栄養素が経験的にわかっていたのかもしれない。

　また、飢えをしのぐ際は「飢渇丸」と呼ばれる携帯食を口にした。人参、そば粉、小麦粉、山芋、甘草、ハト麦、もち米を粉末にして3年間ほど酒に浸したものを乾燥させ、桃の種ほどの大きさに丸める。一日3個も食べれば食欲が満たされ、心も体も疲れることはなかったという。

　さらに、「水渇丸」という携帯食もあった。これは、梅干に漢方薬として知られる生薬・麦門冬を混ぜたものに氷砂糖を加え、手で丸めたもので、その名の通りのどの渇きを抑えるのに有用であったとされる。

　ちなみに、忍者特有の携帯食ではないが、蒸した米を干した「干し飯」や里芋やはす芋の茎を干した「ずいき」なども携帯食にしていた。

一章　暮らしの作法

任務の際の忍者食

忍者が携帯した非常用食品

通常の食事が摂れないような過酷な状況のとき、飢えをしのぐための強い味方を忍者は持っていた。

忍者食レシピと成分

兵糧丸

滋養強壮、エネルギー補給、疲労回復、鎮痛、健康維持、救急医薬として愛用した。

〈材料〉

もち米	0.5g
うるち米	0.5g
蓮の実の乾物	9.5g
山芋	9.5g
桂心	9.5g
ハト麦の種子	9.5g
朝鮮人参	0.5g
氷砂糖	225g

〈つくり方〉
1. すべての材料をすり鉢やミキサーで粉末状にする
2. 氷砂糖以外の材料を水に入れて煮る
3. 氷砂糖を水に入れて温めて溶かし②に加え、水分が飛ぶまで弱火で煮詰める
4. 適当な大きさに丸めて、乾燥させて固める

(『甲州流忍法伝書老談集』を基に、久松眞氏(三重大学)が約1／4で試作した分量)

水渇丸

唾液の分泌をうながし、喉の渇きを一時的に抑える効果があった。

〈材料〉

梅干の果肉	約37g
氷砂糖	約7.5g
麦門冬(ジャノヒゲの根が原料の生薬)	約3.7g

〈つくり方〉
1. 梅干から種を取り除く
2. 氷砂糖と麦門冬を粉末状にする
3. ①と②を混ぜ合わせ、しっかりとこねる
4. 直径1cmほどの大きさに丸め、天日干しして乾燥させる

(『万川集海』に基づく分量)

Column

兵糧丸は戦国武将たちもよく食べていた

兵糧丸は忍者だけが食べていたわけではない。武田信玄や上杉謙信などの戦国武将たちも好んでよく食べていた。武田家に伝わる『甲州流秘書』には米粉・蕎麦粉・肉肉・梅肉・鰹節・ウナギの白干し・酒が材料として記載されていて、他にもさまざまなレシピが紹介されている。

警報装置に迎撃システムまで!
忍者屋敷はセキュリティ万全

暮らしの作法 その四

該当する時代 ▷ 室町後期 / 戦国前期 / 戦国中期 / 戦国後期 / 江戸初期

該当する地域 ▷ 伊賀 / 甲賀 / その他

敵を翻弄するさまざまなからくりが盛りだくさん

任務以外の時間、里で普通の暮らしをしていた忍者だが、その住まいには敵の奇襲に備え、さまざまな仕掛けが施されていた。

忍者屋敷の外観は一般的な農民の住まいと同じ平屋だった。しかし内部のつくりは複雑で、敵から逃れるための隠し扉や隠し階段、隠し部屋、抜け穴などが数多く設置されていた。間取りも二層や三層構造になっているものが多く、たとえば、戸棚の裏の隠し階段や天井から吊るされた縄梯子から中二階に移動することができた。敵から逃げやすくなるだけでなく、大勢に踏み込まれた際も敵に囲まれる事態を防いだのだ。また、床の羽目板の下に収納スペースをつくり、刀や火縄銃などの武器を隠したという。さらに、壁の片側を押すと回転する仕組みの「どんでん返し」と呼ばれる隠し扉は、敵から身を守る隠し部屋や安全に逃げるための抜け道に通じていた。

他にも、扉を開けると音が鳴る警報装置や、扉を開けると杭に固定された竹板が敵の顔面や脛を打つ迎撃システムが施されるなど、忍者屋敷は敵を欺くための一大びっくりハウスとなっていたのである。

忍者たちが、そこまで念入りに敵の襲撃に備えた理由はただひとつ。彼らがもっとも恐れたのは、火薬について書かれた秘伝書が奪われることであり、それを守るためだったといわれている。

戦国時代から江戸時代にかけて、戦で大活躍した鉄砲は火薬の調合によって飛距離や命中率などの性能が大きく変わった。もともと爆竹や火矢などの火器を多用していた忍者は、火薬について独自のノウハウを持っており、その技術は鉄砲の性能向上にも活かされていたのだ。自国の優位を保つため、火薬に関する秘伝書は敵方に絶対に渡してはならない極秘情報だったのである。

一章　暮らしの作法

忍びの里

敵の急襲に備えた山里

忍者たちが暮らす里は、労働と休息、修行のための場であり、ときには襲ってきた敵から身を守るための場であった。

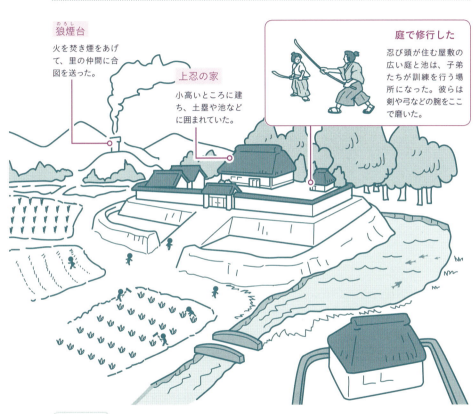

狼煙台（のろし）
火を焚き煙をあげて、里の仲間に合図を送った。

上忍の家
小高いところに建ち、土塁や池などに囲まれていた。

庭で修行した
忍び頭が住む屋敷の広い庭と池は、子弟たちが訓練を行う場所になった。彼らは剣や弓などの腕をここで磨いた。

忍びFILE

忍びの城館

伊賀と甲賀の里には土豪が住んでいた城館がたくさんあった。その数は800ヶ所にも及ぶ。丘陵の先端や谷の入口にあり、急角度の高い土塁に囲まれていて侵入者は容易に近づくことはできなかった。

百地丹波の城館

伊賀流忍者・百地丹波守に関して詳しいことはわかっていないが、三重県には丹波守の居城とされる百地氏城跡がある。現在、土塁や館跡がわずかに残され、林に囲まれていて昼でも薄暗い。

からくり屋敷

仕組みと工夫が満載の館

忍者が暮らす忍者屋敷は、一見、普通の農民の家屋のようだが、さまざまな攻撃に備えた構造となっていた。

抜け道・つり階段（隠し階段）

逃げ出すための仕組みとして、押し入れに隠した「つり階段」もあった。普段は棚にしか見えないが、留め具を外すと階段になった。屋内から屋外の井戸に通じる地下通路の「抜け道」もあった。

隠し戸（仕掛戸）

普通の壁に見えるが、紙などを隙間に差し込むと鍵が外れて戸が開く。敵が屋敷に攻め入ってきた場合は、この戸を通って外に脱出した。素早く逃げ出せば、どこから逃げたかもバレない。

刀隠し・物隠し

床下には秘密の収納スペースの「物隠し・刀隠し」があった。床の隅を踏むと反対側が上がり、隠しておいた刀などを取り出せた。敷居を外すと開く、「隠し物入れ」もあった。

どんでん返し

一見普通の壁だが、回転する構造になっていて壁の向こうに逃げられる。現代の回転扉と違って180度しか回転せず、追手が忍者と同じようにどんでん返しを押しても動かないようになっている。

一章　暮らしの作法

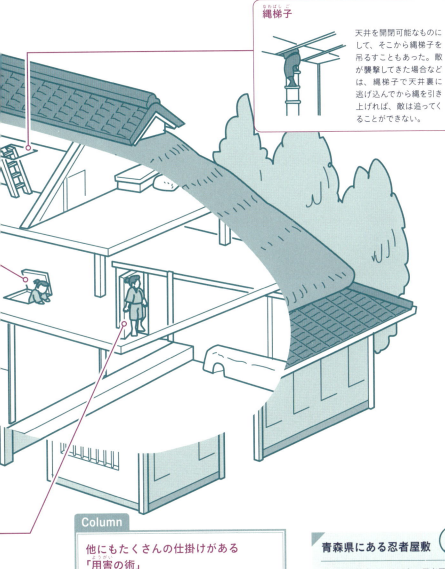

縄梯子(なわばしご)

天井を開閉可能なものにして、そこから縄梯子を吊るすこともあった。敵が襲撃してきた場合などは、縄梯子で天井裏に逃げ込んでから縄を引き上げれば、敵は追ってくることができない。

Column

他にもたくさんの仕掛けがある「用害(ようがい)の術」

侵入者を迎え撃った忍者屋敷の仕掛けを「用害の術」と呼んだ。用害の術として、侵入者の足が縄に引っかかると、しなった竹が脛を強烈に打つ「脛払(すねばら)い」、頭上から大木が落ちてくる「釣押(つりおし)」などがあった。

青森県にある忍者屋敷

青森県弘前市で、2016年に忍者屋敷が発見された。板の間は鶯(うぐいす)張りで、床の間には身を隠すための空間も。屋敷の土地に住んでいた杉山家が、弘前藩の忍者集団「早道之者(はやみちのもの)」と関わりが深いこともわかっている。

暮らしの作法 その五

自分の身は自分で守る！リーダー不在の伊賀と甲賀

| 該当する時代 | 室町後期 | 戦国前期 | 戦国中期 | 戦国後期 | 江戸初期 |

| 該当する地域 | 伊賀 | 甲賀 | その他 |

有力な領主不在の中で強固な自治組織が生まれた

　現在の三重県にあった伊賀国と滋賀県の甲賀郡はかつては「甲伊一国」と呼ばれていたように、国境が接する隣国だった。両国とも山や谷に囲まれた複雑な地形であり、また小領主がひしめき合う土地柄であったため、侵攻や統治が難しく、武力で国を支配しようとする大名がいなかった。とはいえ、他国からの干渉がまったくなかったわけではない。

　伊賀では各地域を支配する小領主たちが他国から攻められたときに備え、「伊賀惣国一揆」と呼ばれる共和的な自治組織をつくっていた。これは普段、それぞれの土地を支配し、ときには国内の土地をめぐって争っていた小領主たちだが、有事の際は一致団結して外敵と戦おうという約束事である。

　神宮文庫所蔵の『伊賀惣国一揆掟書』では、緊急時には鐘を鳴らして、上は50歳、下は17歳までの男はすぐに兵糧・武具をもって所定の位置について、国境が破られることなく警備にあたるよう記されている。

　一方、甲賀郡においても小領主が政治的な結束を図る目的で「同名中惣」を結成した。同名とは読んで字のごとく同じ姓を持つ家を指し、30～100軒程度の家をまとめた組織だった。なお、いくつかの同名中惣が集まった連合体として「地域連合惣」も組織された。相互不可侵や共同防衛などの盟約が交わされ、問題が発生した際は、解決のための話し合いが行われた。そうした合議制による自治政治は次第に甲賀郡全体に広がり、「甲賀郡中惣」が誕生するまでになった。

　戦国時代末期に、伊賀は徳川家の配下、甲賀は豊臣家の配下に加わったことから、フィクションにおいて両者はライバル関係として描かれることが多い。しかし、実際は血縁者も多く、争うことなく協調関係にあった。

一章　暮らしの作法

忍びの組織

民主的な運営を実現させていた

伊賀と甲賀の忍者たちは、代表者たちの話し合いや多数決で物事を決める、民主的な自治を行っていた。

野寄合(のよりあい)

伊賀の「伊賀惣国一揆」と甲賀の「甲賀郡中惣」の組織の代表者が土地の境界付近で集まり、会議を開いた。これを「野寄合」という。織田軍に攻め込まれたときに備え、対応策を話し合った。掟書をつくり一致団結して防ぐことを誓った。

Column
世界初の「議会制民主主義」!?

伊賀の「伊賀惣国一揆」、甲賀の「甲賀郡中惣」という組織では、選ばれた代表たちが話し合って物事を決めていた。忍者はフランス革命より約200年も早い時点で議会制民主主義を実現させていたのだ。

伊賀惣国一揆

伊賀では「方形単郭四方土塁」と呼ばれる四方を土塁や堀で取り囲まれた住居が数多く現存し、これは「党」と呼ばれる地域間の対立から防御するためだった。ただ、外敵から侵略されそうになったときは、対立する地域間が一丸となって応戦。この時集まった組織を「伊賀惣国一揆」という。平常時の「惣国」を非常時の「惣国一揆」に発展させることができたのは伊賀だけだったとされる。

→ 野寄合 ←

甲賀郡中惣

戦国時代に甲賀は、大名たちが繰り広げる下剋上や覇権争いには加わらず、小領主たちが共存する共和的政治体制を確立させた。そこで生まれた甲賀郡全体の連合体が甲賀郡中惣である。各地域の代表者の「奉行」たちによる合議制で物事が決められた。政治や経済に関する決定だけでなく、犯罪や争いの裁定も行い、一種の民主主義を実現させていた。

暮らしの作法 その六

武器の扱いや薬草の知識を3歳頃から叩き込まれた

| 該当する時代 | 室町後期 | 戦国前期 | 戦国中期 | 戦国後期 | 江戸初期 |

| 該当する地域 | 伊賀 | 甲賀 | その他 |

3歳頃から修行をはじめ12歳で一人前になった

　忍者の持つ並外れた身体能力や武器を扱う卓越した技術、さらには火薬や薬草に関する膨大な知識。そうした諜報活動に欠かせないスキルは親から子、子から孫へと代々受け継がれてきたものであった。

　忍者の修行は言葉がわかるようになる3歳頃からはじめられたといわれている。指導にあたったのは、年寄りや任務中の怪我などで現役を引退した者たち。祖父が自分の孫をマンツーマンで指導することもあったが、党と呼ばれる家族、親戚を中心とした一族、里の子どもたちを集めて、修行させる場合も多かったという。

　また、子どもたちにとっては、見て学ぶことも大切な修行であった。命がけで任務にあたる父親の姿、弓矢やまきびしといった道具の手入れの手伝いなど、日々の暮らしの中で忍者としての心得を学んでいったのである。

　厳しい修行を通じて、心身を鍛え、火薬や薬草の扱いを覚えた里の子どもたちは、12歳頃には一人前の忍者として任務に就くようになる。12歳といえば、現在では小学校を卒業する頃だ。その年齢で一人前と認められることを考えれば、修行がいかに厳しいものだったのかがうかがえる。

　なお、修行の結果、忍者の才能がないと判断された子どもには秘伝とされる忍術は伝えられなかった。任務中のミスは自分だけでなく、ともに行動する仲間の命をも危険にさらすことになるからである。

　ちなみに幼少時に覚えた忍者としての技術は、鍛錬を続けることで長く現役として活躍することができたようである。1637年に起こった島原の乱には、幕府軍として10人の甲賀者が参戦したと記録されているが、その年齢は63歳の望月兵太夫を筆頭に50代前後の者が半数を占めていたという。

一章　暮らしの作法

忍びの子ども

どのように鍛えられるのか？

忍びの里に生まれた者が新たな忍者となる。子どもたちはどのように忍者の技術を学んで育っていくのだろうか？

忍びの里の子どもたち

党の長
現役を引退した年寄り、もしくは怪我で現役を退いた者。

子どもたち
兄弟や親戚などの血縁関係にある者、もしくは同郷の者。

体を鍛える
武芸、弓、馬などの訓練や忍術修行を行った（P30〜33）。

薬草・火薬の勉強
任務で使う薬草、火薬についての知識も学んでいく。

父親の手伝い
忍具を一緒に作ったり、行動をともにすることで、身体で忍術を身につけた。

Column

最終試験の課題は「船頭を騙す」だった！?

石川県の金沢には越前流という忍術流派があり、その地域の忍者たちはある程度の修行を終えると最終試験として「変装して渡し船に乗る」という課題が与えられた。それぞれ得意の姿に変装して渡し船に乗り、船頭が不審に思わなければ合格とされた。人と毎日顔を合わせる船頭は、荷物の背負い方ひとつで不審者かどうかを見極めることができたという。新米の忍者にはハードルの高い試験だった。

すーすーはーのリズミカルな呼吸法が高い持久力の秘訣

暮らしの作法 その七

| 該当する時代 | 室町後期 | 戦国前期 | 戦国中期 | 戦国後期 | 江戸初期 |

| 該当する地域 | 伊賀 | 甲賀 | その他 |

あらゆる修行をこなしさまざまな技術を習得

忍者が行った基本修行にはさまざまなものがあるが、中でも有名なのが三無忍（さんむにん）と呼ばれた鍛錬である。三無とは足音を無くす「無足忍（むそくにん）」、呼吸音を無くす「無息忍（むそくにん）」、臭いを無くす「無臭忍（むしゅうにん）」を指す。敵陣や敵の住まいに侵入することが多い忍者にとって、相手に存在を悟られないことは何よりも大切なことであり、それゆえ己の気配を消すことに細心の注意が払われたのである。

足音については、足音を立てずに歩く独自の歩法を身につけるための訓練が行われた（※P42）。

呼吸音については、「整息法（せいそくほう）」と呼ばれる方法で息の吸い吐きを無音で行う訓練を行った。これは正座して息を細く吸っていったん止め、気を全身にめぐらせた上で、鼻から細く吐き出すというもので、呼吸の音を消すだけでなく、体内に気を充満させ、より強靭な体力と気力を養うための訓練とされていた。この呼吸法を習得した者は、身体を動かした直後でも、まったく呼吸音を発しなかったという。

臭いについては、口臭や体臭の原因となるニラやニンニク、玉ねぎなど、臭いの強い食べ物は任務前に口にすることはなかった（※P18）。

忍者は視覚や聴覚についての修行も行っていた。視力については、遠くのものを見るよりも、暗闇でどれだけものが見えるかが重要であった。「明眼之法（めいがんのほう）」と呼ばれる修行では、炎をまばたきせずに見続け、瞬きの限界で目を閉じるといった鍛錬を通じて、暗闇での視力向上が図られた。また、聴力については大勢が話している中から特定の人物の声を聞き分ける、何人で話しているかを当てるといった訓練が行われた。さらに、針を床に落とし、その音から何本が落ちたかを言い当てる訓練を通じて、雑音の中から小さな音を聞き取るための集中力が養われた。

一章　暮らしの作法

忍びの持久力

身体能力が高い理由は呼吸法にあった!?

体を使う任務が多い忍者にとって体力づくりは欠かせない。体のパフォーマンスを整えるために呼吸法を大切にした。

呼吸法

二重息吹（ふたえいぶき）

長距離を走るための呼吸法。「吸う、吐く、吐く、吸う、吐く、吐く、吸う、吐く」と決まったリズムで呼吸をして大量の酸素を取り込んだ。吸うと吐くを2回繰り返すこのやり方は、現代のマラソンにも適した呼吸法とされている。

息長・整息法（おきなが・せいそくほう）

正座をして線香の煙のように細く呼吸をした。自分の気配を消す訓練の他、ストレスを抑制し、精神統一の働きもあった。

紙切れを鼻の頭につける修行も

濡れた紙を鼻の頭につけ、吐いた息で揺れて落ちたりしないよう呼吸をした。

歩法

持久走の訓練

紙を奥歯で噛み、足元を見ながら1時間に15キロ以上歩いた。走るときにアゴが上を向いていると呼吸が乱れやすくなるため、この訓練でどんなときでも姿勢を保てるようにした。

POINT
体力の消耗を抑えるなんば歩き

現代人の歩き方	なんば歩き

右手と右足、次は左手と左足を同時に出す「なんば」。体をひねる動きが小さくて運動効率がよい。長距離の移動時はこの歩き方や、同じ方法で走る「なんば走り」で移動した。

忍びの跳躍と潜水

忍者は高く跳び、深く潜った

忍者は人の目を避けるため、軽い身のこなしで高所を跳び回り、水中にも潜った。当然、そのための修行も行った。

跳躍

穴の訓練法
腰回りより少しだけ広い穴から膝と足の力だけで跳び上がる。徐々に穴を深くして跳躍力を身につけた。

麻の訓練法
麻を飛び越えて訓練をした。麻の成長はとても早く、それに合わせて跳ぶことで跳躍力を身につけた。

潜水

潜水能力について
忍者は跳躍力だけでなく潜水能力も有し、一説には約10分潜れたという。長く潜るために、水の張った樽に顔を入れて息を止める訓練をした。水底を歩くときは石を懐に入れた。

一章　暮らしの作法

忍びの視力と聴力

諜報活動のため目と耳も鍛えた

敵の屋敷に潜入して情報を確実に掴むため、忍者は修行を積んで優れた視力と聴力を身につけた。

視力

暗がりで炎を見つめる

暗闇の中での視力を鍛えるための修行。暗い部屋でロウソクの火を見つめて目を閉じるという動作を繰り返した。

穴の数を数える

灯りの周囲を覆った紙に針で小さな穴を開け、その穴の数を数える。慣れたら、灯りと自分の距離を離していく。

暗い・明るい場所の行き来

暗い所から急に明るい所に出ると目がくらむ。これを避けるため、明るい部屋と暗い部屋を行き来して目を鍛えた。

聴力

針の音

砥石の上に針が落ちた音を聞く鍛錬。複数落として本数も聞き分けた。

小音聞き

雑音の中でも小さな音を聞き取るための修行「小音聞き」で、忍者は聴力を鍛えた。

人の声

大勢が話している中で特定の人物の声を聞き分ける鍛錬も行った。

column ①

門外不出！ 秘伝の忍術が
記された奥義書

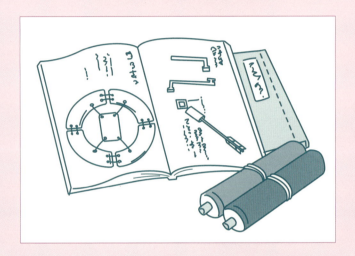

忍者好きなら読んでみたい現代に伝わる忍術書

忍術は元来、師から弟子への口伝であるが、天下泰平の江戸時代になると忍者の活躍の場が減り、道具の使い方や知識などの技術が受け継がれなくなることが危惧された。そこで、それらの技術がまとめられたのが忍術書である。100冊以上の忍術書があったといわれているが、もっとも秀逸な書が『万川集海』（22巻）で、伊賀忍者の藤林保武が著したものだ。ここには伊賀、甲賀、諸流すべての忍術がまとめられ、すべて（万）の忍術（川）をひとつに（海）にまとめた（集）という意味が書名の由来。この他、紀州流忍術の『正忍記』（3巻）、著名な忍者・服部半蔵家に伝わる『忍秘伝』（4巻）があり、『万川集海』と合わせて「三大忍術書」とされている。

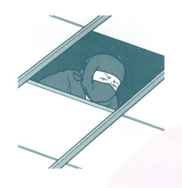

二章

忍術の作法

忍者が修行を積んで会得し、情報収集などの任務に役立てていた忍術。敵を炎に包んだりムササビのように空を飛んだりするなど、魔訶不思議な技を繰り出すイメージが強いが、実際のところどうだったのか？ 本章では忍術のみならず、忍術に必要な道具などを交えて紹介する。

忍術の作法 その一

忍者は肉体派と頭脳派で役割分担されていた

| 該当する時代 | 室町後期 | 戦国前期 | 戦国中期 | 戦国後期 | 江戸初期 | | 該当する目的 | 潜入 | 情報収集 | 暗殺 | 逃走 | 攻撃 | 伝達 |

相手の心理を操る「陽忍」と体術を駆使する「陰忍」

　忍者の役割は実に多岐にわたる。敵国に潜入し、政治の動きや兵力などの情報を集めることもあれば、敵国内に偽の情報を流して混乱させることもある。時には闇に潜み、時には言葉巧みに相手を騙す。さまざまな役割を果たすため、忍者は多彩な忍術を持っているが、それらは大きく、「陽忍」と「陰忍」に分けることができる。

　「陽忍」とは、相手に自分の姿を晒した上で、話術や手紙を使って偽の情報をつかませるというもの。いわば相手の心理を操る術である。変装によって相手の警戒心を解く、言葉巧みに情報を聞き出す、偽の書類を使って堂々と関所を通過するなども「陽忍」の術といえる。

　一方の「陰忍」は、敵の城や屋敷に忍び込んで内情を探ったり、破壊工作を仕掛けるなど、闇に紛れて行うものであり、基本的に相手に姿を見せることはない。高い壁を登る、屋根裏や縁の下に隠れて室内の様子をうかがう、音を立てずに移動するなど、多くは並外れた体力と体術が求められる。我々が忍者と聞いてイメージするのも概ね「陰忍」の技といえるだろう。

　「陰忍」が体力を要する技術なのに対し、「陽忍」は相手を騙す知恵が求められる頭脳的な術なのである。

　ふたつの忍術を比べると、過酷で肉体的鍛錬を要する「陰忍」よりも、言葉や小道具で相手を騙す「陽忍」のほうが手軽で安全なイメージがある。しかし、目的や状況に合わせ、両方を臨機応変に使い分けることこそが、優秀な忍者の必須条件といえるだろう。

　なお、江戸時代にまとめられた忍術書によると、城に潜入するための「城営忍」、扉を開けるための「開戸」などが陰忍の術。情報で敵を混乱させる「近入り」、偵察のための術である「見付」などが陽忍の術とされている。

陽忍と陰忍

昼間は姿を晒して夜は気配を消す

「陽忍」と「陰忍」という2つの顔があった忍者。それぞれが繰り出す術は、陰陽の名にふさわしい特徴を帯びていた。

陽忍

証文

遠入り

諜報活動をはじめるにあたり、まずは敵国に忍び込む必要がある。僧侶や旅人などに変装して、怪しまれることなく紛れ込んだ。

嘘の情報を流す陽忍

近入り

敵国に潜り込むことに成功すると、その国を崩壊に導くべく嘘の情報を吹聴。敵方に忍者だと悟られないように、方言も習得した。

陰忍

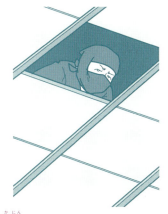

家忍（かにん）

忍び装束を身にまとって敵国の陣屋・邸宅に潜入することを家忍といった。屋根裏や床下などに身を潜め、内情を探った。

城営忍（じょうえいにん）

敵国の城へ潜入することを城営忍といった。誰にも気づかれずに城壁を登らなくてはならないため、高い身体能力が求められた。

忍術の作法 その二

僧侶や芸人になりすまして敵国の関所を突破した

| 該当する時代 | 室町後期 | 戦国前期 | 戦国中期 | 戦国後期 | 江戸初期 |

| 該当する目的 | 潜入 | 情報収集 | 暗殺 | 逃走 | 攻撃 | 伝達 |

服装はいうに及ばず仕草や特性までも完全コピー

忍者は敵地に潜入する際、その土地を歩いていても怪しまれないよう変装をしていた。主だった変装は虚無僧、出家、山伏、商人、放下師、猿楽師、常の形の7つで、これらをまとめて「七方出」と呼ぶ。

忍者が活躍した時代、国境には関所が設けられ、往来手形がない者は通ることができなかった。しかし、虚無僧や山伏、商人らは幕府に情報を提供することを条件に、国境を越えて自由に行動することが許されていたのである。また、当時は寺院に役所のような役割があったため、出入りをしても怪しまれない虚無僧や山伏、出家の姿は好都合だったのだ。

放下師はいまでいう大道芸人のようなもので、手品や曲芸、猿回しなどの見世物を職業とする者、猿楽師は舞踊などの芸能を披露する者。どちらも全国を渡り歩く仕事であるため、敵地でよそ者として立ち振る舞うことができた。また、芸は人の心を和ませる効果があるため、相手の気を許し、情報をうまく聞きだせることができた。

常の形とは、特定の職業ではなく、町人や武士、職人のような一般の人々。その地に長く住み、時間をかけて情報を収集する場合、もっとも怪しまれない形であったといわれている。

任務に合わせてさまざまな変装をした忍者だが、ただ格好を真似るだけではなかった。それぞれの職種ごとの身のこなしや立ち振る舞い、言葉遣いはもちろんのこと、僧侶なら読経、虚無僧なら尺八演奏、薬売りに変装するならば薬の知識、放下師や猿楽師として芸まで極めた。

さらに、"人は自分より弱い立場の者に気を許しやすい"という心理を利用するため、病人を装うこともあった。数日眠らなかったり、断食をしたりして、徹底的に病人を演じたという。

二章　忍術の作法

七方出

怪しまれない姿に変装して敵国に潜入

敵国からの情報を集める際に、忍者はさまざまな職業に変身。変装する人の仕草や臭いにまで気を配った。

猿楽師
猿楽能は室町時代に成立した日本の芸能。戦国大名のもとで物真似などの芸を披露し、怪しまれずに敵地へ侵入した。

山伏
山伏は修験道と呼ばれる宗教の信仰者。国々を渡り歩くことが許されていたため、忍者にとっては好都合だった。

出家
仏門に入った僧侶。老若男女問わず多くの人々が集まる寺に潜入し、怪しまれずに情報を手に入れることができた。

虚無僧
虚無僧は禅宗という宗派の僧侶。顔がすっぽりと隠れる深編笠をかぶっていたので、正体がバレにくいという利点があった。

放下師
現代でいうところのストリートパフォーマー。手品などを披露して、大人から子供まで大勢の人々から情報を収集した。

商人
品物を売り歩く行商人。大きな屋敷に出入りすることができた。菓子屋や薬売りに変装する忍者が多かったという。

常の形（庶民）
一般的な町人だけでなく、武士や農民にもなった。敵地に長く住み、住民たちと親しくなりながら情報を収集した。

忍びFILE

迫真の演技と役者魂に脱帽！

病人を装うこともあった七方出。病人らしい雰囲気を醸し出すために、あえて自分自身の体を痛めつけた。また、盲人や物乞いを装うために魚の鱗を目に貼る者もいたという。

忍術の作法 その三

感情と欲望を揺さぶり敵の心理を自在に操った

該当する時代 ▷ 室町後期 / 戦国前期 / 戦国中期 / 戦国後期 / 江戸初期

該当する目的 ▷ 潜入 / 情報収集 / 暗殺 / 逃走 / 攻撃 / 伝達

感情と欲望を利用して相手を思いのままに操る

忍者は現代でいうところのスパイであり、敵地に忍び込んでの諜報・謀略活動が主な任務であった。これらの活動に必要なのは、相手の感情を巧みに操る技術。忍者は「五情五欲の理」という術を使って敵を翻弄した。

「五情」とは人間が持つ喜怒哀楽に恐怖を加えた5つの感情のことであり、「五欲」とは食、性、名声、財産、風流に関する5つの欲のことである。つまり、相手の感情と欲を利用して思い通りに操っていたのだ。

五情の理（五車の術ともいう）において、喜びの感情を使う術を「喜車の術」と呼び、相手をおだてて喜ばせて情報を聞き出す。「怒車の術」は相手を怒らせて冷静さを失わせる。「哀車の術」は相手に同情させて利用する。「楽車の術」は相手を楽しませて操る。「恐車の術」は相手をおどして従わせる。

相手の性格を見抜くことが、五情の理を使う上で不可欠である。怒車の術は短気な相手に有効、恐車の術は気弱な人に有効というように、それぞれの術が効く相手が異なっていた。

五欲の理も相手の人間性を把握して、どの欲に弱いのかを見極める必要がある。相手が食いしん坊であれば、相手の好きな食べ物などを利用する「食」。相手が好きな男性や女性を利用するのは「性」。出世欲、名声欲を持っている相手であれば「名声」。金銭に対する欲求や物欲を利用するのは「財産」。相手の趣味や興味のある分野を利用するのが「風流」である。風流を利用して相手と話を合わせるため、多芸多能になった忍者もいたという。

忍者は状況や相手によって五情の理と五欲の理を使い分けたが、五欲を刺激することで五情を動かすこともできた。また、五情での感情の動きが一時的であるのに対して、五欲の効果は長く持続するという特徴もあった。

二章　忍術の作法

五情五欲の理

感情や欲につけ込み敵を翻弄する術

忍者というと高い身体能力ばかりに注目してしまいがち。だが、彼らは人を思い通りに操る心理戦術にも長けていた。

五情の理

喜怒哀楽に恐怖を加えた5つの感情。これらの感情を巧みに利用して、自身の仕事を有利に進めた。

喜車の理
相手をおだてて、いい気分にさせたのち、さまざまな情報を聞き出す。

怒車の理
わざと相手を怒らせることをして、平常心を失わせる。

哀車の理
あえて同情を誘う言動をして、相手の心を掌握する。

楽車の理
相手を楽しませて心を開かせ、その心の隙につけ込む。

恐車の理
おどしていうことを聞かせる術。気の弱い人ほど効果的。

五欲の理

人間が持つ、食、性、名声、財産、風流という5つの欲を逆手に取り、敵を自分の思い通りに操った。

食の理
相手の好きな食べ物を与えることでいいなりにさせる。

性の理
好意を持ちそうな人物を紹介して思い通りにさせる。

名声の理
出世や名声を餌にして、寝返らせたり操ったりする。

財産の理
お金持ちになりたいという人の欲につけ込む術。

風流の理
相手の趣味を通じて意気投合し、人心を掌握する。

忍術の作法 その四

四つん這いのつま先立ちが床下を歩くときの基本スタイル

該当する時代	室町後期	戦国前期	戦国中期	戦国後期	江戸初期

該当する目的	潜入	情報収集	暗殺	逃走	攻撃	伝達

状況によって選り分ける音を立てない歩き方の数々

忍者は敵に気づかれないように、音を立てずに歩く、「歩法」と呼ばれる特別な技術を習得していた。現代でも、泥棒などがこっそり歩いている状態を"抜き足、差し足、忍び足"と表現するが、これは忍者独特の歩き方を指したものである。

忍術伝書の『正忍記』には、忍者の歩法として「足並十カ条」の項目がある。前述の「抜き足」もそのひとつであり、ぬかるみから足を引き抜くように高く持ち上げ、つま先からゆっくりと下ろす歩き方を指す。コツは足を下ろすとき、小指からそっと床に触れ、徐々に体重を親指側に移すこと。それにより足音を抑えることができる。

他にも、足のつま先を徐々に地面につける「浮足」、内股をすりあわせるように歩く「しめ足」、川を渡るときなどに使われた飛び石をジャンプして渡るように歩く「とび足」、片足でケンケン飛びのように歩く「片足」、大股で歩く「大足」、小股で歩く「小足」、素早く小刻みに足を踏み出す「きざみ足」、早歩きの「走り足」、壁や塀を背にする「横走り」があった。

家屋の床下や天井裏など、立って歩くには困難な場所では、四つん這いになって移動する「犬走り」が使われた。これは犬の走り方を観察して編み出されたもので、足音をより確実に消し去るため、つま先を立てて四つん這いで歩く「狐走り」というバリエーションもあった。

こうした歩法はどれも厳しい修業の末に体得できたものだが、中でも習得が難しいとされたのが「深草兎歩」である。もっとも足音がしない歩き方で、寝ている敵の枕元を歩くときなどに用いられた。体をかがめて両手のひらを床につけ、その甲に左右の足を乗せて手で進むという極めて独創的な歩法であった。

二章　忍術の作法

歩法

足音を消す忍者独特の歩き方

相手に気づかれてしまっては忍者として失格。忍者は歩き方にも徹底してこだわり、さまざまな歩法を編み出した。

浮足

足のつま先を徐々に地面につけていく歩き方。落ち葉が積もった山道などは音が鳴るため、この歩法を使用した。

横走り

壁や塀を背にした歩き方を横走りといった。側道を歩くので気配がわかりにくい上、背面の守りも固められた。

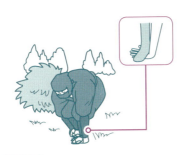

深草兎歩

両手の甲の上に足を乗せる歩き方。寝ている人のすぐそばを通っても起きることはないという忍者の秘伝。

狐走り

狐の歩き方を真似たもので、四つん這いでつま先立ちになって前へ進む歩法。床下や天井裏を歩く際に使われた。

忍術の作法 その五
遠隔地の任務に備えて普段から走り込んで鍛えた

| 該当する時代 | 室町後期 | 戦国前期 | 戦国中期 | 戦国後期 | 江戸初期 |

| 該当する目的 | 潜入 | 情報収集 | 暗殺 | 逃走 | 攻撃 | 伝達 |

10時間で200kmを走る驚異の持久力を支えた忍術

遠く離れた地に、いち早く情報を届けるのも忍者の重要な任務だった。戦国時代、豊臣秀吉に仕えた忍者のひとりは韋駄天（足の速い仏教の神様）の異名を持ち、10時間ほどでおよそ200kmの距離を駆け抜けたといわれている。毎年、正月に開催される箱根駅伝では217kmを10人で走り、そのタイムは11時間を切るほどであることを考えれば、いかに驚異的なスピードと持久力を誇っていたかがわかる。

忍者が長距離を走るときに用いていたのが「二重息吹」と呼ばれる呼吸法だった。「吸う、吐く、吐く、吸う、吐く、吸う、吸う、吐く」というリズムを繰り返す呼吸法であり、酸素をより多く取り込めると考えられていた。また、一定のリズムを刻むことで、余計なことを考えずに走ることができた（※P31）。

運動効率を重視した走法も用いられていた。通常は体の中心を軸に上体を左右交互にひねりながら走るのに対し、「なんば走り」と呼ばれる走法では、着地足側の腰と膝を進行方向に送り出すことで骨盤の回転を小さくして、体力の消耗を抑えた（※P31）。

他にも疲れにくい走り方として、遠くを見ずに近くを見て走る、アゴを引いて走る、ヘソに梅干をあてて走るなどの技が用いられていたという。

さまざまな技を駆使して、より速く、より長く走れるよう工夫していた忍者だが、前提となる体力がなければ、いくら技を駆使しても長い距離を走るものではない。忍者は幼少の頃より走力を鍛える修行として、背中に長い布を垂らし、その先端が地面につかないスピードで走る訓練を積んでいたという。布の長さは1反（およそ12m）にも及んだといわれている。日々の修行で獲得した驚異的な体力があってこそ、より効率よく走るための技が活きたといえるだろう。

二章　忍術の作法

走法

速く長く走れるように工夫を凝らした

忍務を成し遂げるために、長距離移動を余儀なくされていた忍者。持久力を鍛えることは必須事項であった。

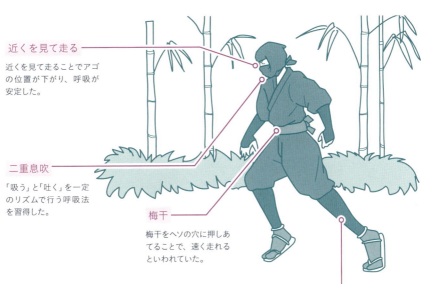

近くを見て走る
近くを見て走ることでアゴの位置が下がり、呼吸が安定した。

二重息吹
「吸う」と「吐く」を一定のリズムで行う呼吸法を習得した。

梅干
梅干をヘソの穴に押しあてることで、速く走れるといわれていた。

なんば走り
右腕と右足、左腕と左足を同時に出す走法は、体力温存に効果大。

布を使った修行
背中に垂らした布が地面につかないように走った。布の長さは12mほどあり、宙に浮かせるためには速い速度を必要とした。

わらじ
急な坂道や凍った地面を走る際、わらじには滑り止めを施した。転んだり滑ったりしないので、安定した走りができた。

俊足の忍者・熊若

武田信玄の家臣・飯富虎昌に仕えた熊若は、足が速い忍者として有名。ある戦の最中、虎昌は軍軍旗を忘れてしまい熊若に持ってくるよう指示。往復251キロの長い距離をわずか4時間で届けたという。ちなみに熊若は幻術を得意とした加藤段蔵（※P57）を捕らえた人物でもある。

忍術の作法 その六
忍者の跳躍力は五輪記録を超えていた

該当する時代	室町後期	戦国前期	戦国中期	戦国後期	江戸初期

該当する目的	潜入	情報収集	暗殺	逃走	攻撃	伝達

超人的跳躍力のための修行と高所で素早く移動する飛術

　映画やアニメなどで見る忍者は非常に身が軽く、高く跳び、高いところから飛び降りることができる。

　甲賀流忍術を受け継ぎ、「最後の忍者」とも呼ばれた武術家の藤田西湖氏によると、忍者はその場で上にジャンプすると2.73m、その場で前にジャンプすると5.46ｍも跳んだという。どちらも五輪陸上の走り高跳びの世界記録2.45ｍ、立ち幅跳びの世界記録3.47ｍを上回る驚異的な数値だ。また、藤田氏によれば、忍者は15ｍもの高さから飛び降りることもできたという。

　こうした身の軽さを体得するため、「飛神行」という修行を行った。飛神行では、跳躍に必要な上半身強化の目的で、親指と人差し指で逆立ちしたり、木の枝にぶら下がったりして指や腕の力を鍛えた。

　また、跳躍力そのものを鍛えるために、地面に掘った穴から跳び出る訓練にも取り組んだ。この訓練方法だと助走ができないので、足の力だけで跳べるようになるのだ。

　さらに、高いところから飛び降りるために恐怖心を拭い去る修行もした。忍者が唱えた呪文として知られる九字護身法（※P58）も恐怖心を克服する効果があった。着地の際は、両足だけでなく両手も地面について衝撃を分散させたが、高所からの着地時の衝撃はかなりのもの。そこで、衝撃に耐えられるように足の甲の側で歩いて足首を鍛える訓練も行った。

　忍者が高所を移動する術を「飛術」と呼ぶ。飛術としては、猿の動きを真似て木から木へと飛び移る「飛猿」、羽織などの布を広げて空気抵抗を受けながら飛び降りる「地降傘」などがあった。小さな布を使う地降傘では、パラシュートのような効果はあまり得られなかったが、恐怖心をやわらげる効果はあったと考えられている。

二章 忍術の作法

飛神行

超人的な身軽さで高い塀もひとっ飛び

高い身体能力を保持していた忍者。特に跳躍力においてはオリンピックの世界記録を軽々と超えていた。

跳躍動作
忍者は塀や石垣を超える際に、下半身だけでなく上半身も駆使。それにより高い跳躍を可能にした。

飛神行①
木の枝にぶら下がることで腕力を鍛える修行法。また、木から木へ飛び移る飛猿の訓練も行った。

飛神行②
逆立ちをする訓練も飛神行のひとつ。親指と人差し指だけで体を支え、腕だけでなく指の力も強化した。

忍者の着地動作
着地の際、足だけに負荷がかからないよう両手をついた。着地の衝撃が分散されるため、高所からの着地が可能になった。

POINT
両手をついて衝撃を分散

忍術の作法 その七
狸や狐、うずらが師匠!? 意表を突いた隠れ方

該当する時代	室町後期	戦国前期	戦国中期	戦国後期	江戸初期

該当する目的	潜入	情報収集	暗殺	逃走	攻撃	伝達

敵側の心理の裏をついた隠れのテクニック

　敵地に潜入した忍者にとって敵に見つかることは絶対に避けなければならない。万が一に備え、彼らは自分の身を隠す術を学んでいた。

　敵の目を欺き、隠れる術を「隠形術（おんぎょうじゅつ）」と呼ぶ。そのひとつが「うずら隠れ」である。敵に尻を向け、手足と頭を縮めてうずくまるというものだ。鳥のうずらのように丸くなることから、その名前がついた。身を潜める場所がないときに使う術で、石などに寄り添うことが多かった。また背中を丸めて頭を隠すのは肌の白さを隠すため。暗がりでは顔や白目の白さが目立ってしまうので発見されやすいのだ。

　ちなみに、顔を覆って視界を塞ぐのは、恐怖心を抑える効果もあった。敵が間近にいるという恐怖に打ち勝てれば、呼吸も乱れず、うまく気配を消すこともできる。敵からすれば「こんなところにいるわけがない」という心理を突いた隠れ方といえるだろう。

　「観音隠れ（かんのんがくれ）」は、着物の袖で顔を覆って壁や木の陰に身を寄せて立つという術だ。顔を隠す以外は、ただ立っているだけなのだが、これが意外と見つからない。「侵入者は身を潜めているはず」という先入観を逆手に取り、木と同化するのである。

　「狸隠れ（たぬきがくれ）」という木の上に隠れる術もある。これは上方向への注意はおろそかになりやすいという心理を突いたもの。木の上からは相手の動きを把握しやすいというメリットもあった。本来、狸は木登りが苦手であることから、「狸が木の上にいるはずない」という心理が命名の由来だ。

　もうひとつ、忍者の代表的な技に「変わり身の術」がある。敵が襲ってきたときに丸太などの身代わりを攻撃させ、その隙に逃げるというものだ。映画などではおなじみなので、ご存知の方も多いことだろう。

二章　忍術の作法

隠形術

敵からの発見を免れる術の数々

気配を消すことが本分である忍者にとって、敵に見つかることは許されない。日々、身を隠す術を磨いていた。

狸隠れ

木に登って隠れる術。上方向への注意はおろそかになりやすいため、敵の盲点を突いた隠法といえる。実際は鍵縄などを用いて素早く木に登った。

うずら隠れ

手足を丸めてうずくまる隠法。視界が塞がれることで気持ちが落ち着き、体の動きを最小限に抑えられた。

狐隠れ

蓮の葉を頭に乗せて水中に隠れる術。遠目から見ると水面に葉が浮いているようにしか見えないため、発見されにくい。

観音隠れ

壁や木などの物陰に身を寄せ、顔を着物の袖で隠した。目は観音のように半開きのまま動かないというのがポイント。

忍びFILE

忍者は瞬間移動ができた!?

隠形術には「縮地之法」と呼ばれるものもあった。これは一瞬のうちに遠く離れた場所に移動するというものだが、おそらく相手の意表を突いた身のこなしをしたものだと思われる。

忍術の作法 その八
敵から逃れる際に炎を出して足止めをした

該当する時代　|室町後期|戦国前期|戦国中期|戦国後期|江戸初期|

該当する目的　|潜入|情報収集|暗殺|**逃走**|攻撃|伝達|

敵を欺き油断を誘う 火と水を使った遁走術

　任務中、不運にも敵に見つかってしまった場合、絶対に逃げ切らなければならない。さまざまな遁走術を持つ忍者だが、中でも有名なのが「火遁の術」と「水遁の術」である。

　「火遁の術」はその名の通り、火を使って逃げたり、隠れたりする術だ。屋敷や陣地などに火を放ち、敵が動揺した隙に逃げるというもの。時には火薬の爆発による大きな音で相手の戦意をくじいたり、草原を燃やしたりして自分と敵の間に炎の壁をつくり、足止めさせることもあった。

　忍者は火薬に関する豊富な知識を代々受け継いでいた。火薬の主な材料となる硝石に木炭や硫黄を加えてつくる火薬の調合法は、忍者の里にとって秘伝中の秘伝とされていた。調合比率を操ることで威力を自由に調整できた忍者は、敵に火花を浴びせる「取火方」や踏むと爆発する「埋め火」、連続して大きな音を鳴らす「百雷銃」など、さまざまな火器を用いたといわれる。

　「水遁の術」は水を利用した遁走術。城を囲む堀や川、池などに身を隠す術で、高い運動能力を持つ忍者ならではの逃走術といえる。水中の移動には、最小限の動きで音や水しぶきを立てない「抜き手」と呼ばれる泳法が用いられた。また、弓や鉄砲で敵を迎撃できるよう両手を使わない立ち泳ぎも得意だったという。

　大きめの石を懐に入れ、水底を歩くこともあった。わざわざ水底を歩く意味があるのかとも思うが、潜水泳法よりも体力の温存ができ、結果的には長く潜っていられたようだ。

　ただ、水に入るのはいざというときだけであり、よく使われた「水遁の術」は大きな石を水に投げ込み、飛び込んだと思わせた隙に逃げるというものだったと考えられている。

火遁・水遁

逃走する際に使った火と水の忍術

戦うことよりも逃げることを優先した忍者。逃げるための忍術は数多くあるが、「火遁の術」と「水遁の術」は特に有名である。

火遁の術
火薬に関する知識が豊富にあった忍者。草原に生える草を燃やして炎の壁をつくり、追っ手を足止めした。

水遁の術
城の周りにある堀や川に潜って身を隠す。長く潜っていられるように、日頃から肺活量の向上に努めた。

百雷銃
爆竹のように大きな音が連続で鳴る火器。敵の前で爆発させれば当然驚く。忍者はその隙を突いて逃走を図った。

しきみの花
水に入る際はしきみという植物の油を体に塗った。しきみの油が油膜をつくることで、体内の熱が逃げにくくなった。

忍びFILE

竹筒を使って水の中に潜るのは嘘だった!?

水遁の術を使う際、竹筒を水面に出して呼吸をする忍者の姿を漫画などで見たことはないだろうか。実際は、呼吸しづらい上に敵から見つかりやすいため、用いられなかったという。

忍術の作法 その九
天気や自然、動物、虫まで！使えるものは何でも使う逃走テク

該当する時代	室町後期	戦国前期	戦国中期	戦国後期	江戸初期

該当する目的	潜入	情報収集	暗殺	逃走	攻撃	伝達

周囲の状況を分析しながら活路を見出す遁走術

「火遁の術」と「水遁の術」以外にも忍者は数多くの遁走術を心得ていた。

遁走術は大きく「天遁十法」「地遁十法」「人遁十法」の3つに分けられ、それぞれに10通りの術があった。

「天遁十法」は天候を利用する術である。太陽を背にして、敵が目をくらませた隙に逃げる「日遁」、月が雲に隠れて辺りが暗闇になった隙に逃げる「月遁」、突風による砂埃に紛れる「風遁」、雨や雷を利用する「雨遁」や「雷遁」など、自然現象に乗じて逃走するというものだ。偶然に起こる自然現象などをアテにして大丈夫か？　と思うかもしれない。しかし、どんなに追い詰められた状況であっても、冷静に周囲を観察し、突破口を探すことが忍者には求められたのである。

「地遁十法」は、地上にある自然物を利用する術だ。砂や土を投げつけ相手の視界を奪う「土遁」、立てかけてある木材を崩して相手の進路を塞ぐ「木遁」、草を結んでつまづかせる「草遁」、熱湯の入った釜などをひっくり返し、相手が慌てている隙に逃げる「湯遁」などがあった。なお、前述の「火遁」や「水遁」はこの中に含まれる。

「人遁十法」は、人や動物を利用して逃げる方法である。逃げている途中で追っ手になりすまして「曲者はあっちに逃げたぞ！」などと叫び、敵の注意が逸れた隙に逆方向に逃げるといった術の他、老人や子ども、女性に変装するというものもある。また動物を使うものも多く、たとえば馬を驚かせて暴れさせ、その隙に逃げる「獣遁」、道端にいるヘビやカエルを投げつける「虫遁」などがあった。

逃走は基本的に敵地で行うものであり、地の利も人数も敵方が圧倒的に有利だった。そうした状況で逃げ延びるためには、あらゆるものを利用する必要があったのである。

二章　忍術の作法

天遁

天気を利用することで追っ手から逃れた

逃げるためなら、ありとあらゆるものを使った忍者。太陽光や雷など、天候を味方につけて逃げることもあったという。

日遁

太陽を背にして、敵の目がくらんだ隙に逃げる。忍者は日頃から天気を読む訓練をしていたという。

月遁

月が雲に隠れると、周囲は当然ながら暗くなる。その一瞬の隙を突いて逃げ出す術。

霧遁

霧が発生すると、視界が極端に悪くなる。その隙に逃げるのが霧遁。忍者は霧が発生するタイミングも熟知していた。

雷遁

雷鳴に驚いた隙を狙って逃げる。また雷にならい、火薬を用いて大きな音と光を出して逃げる方法もあった。

地遁(ちとん)

使える物はそこらに生えた草でも使う！

物や地形を利用して逃げる方法が地遁。まきびしや煙を使って逃げる方法は地遁の中のひとつとして数えられた。

屋遁(おくとん)

建物の床下に隠れること。息を潜めて気配を消し、敵がいなくなるのを待って身の安全を確保してから脱出した。

草遁

雑草が生い茂る場所では、草を結んだ罠を仕掛けるのが得策。追っ手が草に足をとられている隙に逃げた。

金遁(きんとん)

お金をバラまいて、追っ手が拾っている隙に逃げる術。まきびしをまくのも金遁の一種とされた。

まきびしの種類

 木びし　 天然びし　 鉄びし

水草であるオニビシの実を乾燥させた天然びしや、木や竹を削った木びしや鉄製の鉄びしのものがあった。鉄びしは重くて持ち運びに不便だったため、あらかじめ逃げるルートにまいておく使い方をした。

煙遁(えんとん)

鳥の子と呼ばれる手投げ弾を使って煙幕をつくり、敵が驚いている隙に逃亡。いかにも忍者らしい術といえる。

二章　忍術の作法

人遁（じんとん）

追っ手を戸惑わせ、騙す遁術

忍者が繰り出す遁術はとても多彩で、人や動物を利用したものもあった。そのことを総じて人遁といった。

獣遁（じゅうとん）
馬に危害を加えるなどして暴れさせ、騒ぎを起こした隙に逃げる獣遁。ネズミや猫を懐から出すという方法もあった。

虫遁（ちゅうとん）
ヘビやムカデ、蜘蛛などを投げつけて、敵がひるんだ隙に逃走する虫遁。気持ち悪がられている生物ほど効果的だった。

老遁（ろうとん）
老人をおとりとして使ったり、老人に変装したりして逃走を図る術。女性に変装する場合は女遁といった。

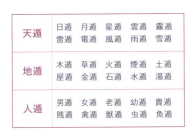

天遁	日遁	月遁	星遁	雲遁	霧遁
	雷遁	電遁	風遁	雨遁	雪遁
地遁	木遁	草遁	火遁	煙遁	土遁
	屋遁	金遁	石遁	水遁	湯遁
人遁	男遁	女遁	老遁	幼遁	貴遁
	賤遁	禽遁	獣遁	虫遁	魚遁

五遁三十法
忍者の遁術は天・地・人に分けられ、合計30通りにも及んだ。

忍術の作法 その十
「分身の術」の正体は暗示によるトリックだった

| 該当する時代 | 室町後期 | 戦国前期 | 戦国中期 | 戦国後期 | 江戸初期 |

| 該当する目的 | 潜入 | 情報収集 | 暗殺 | **逃走** | 攻撃 | 伝達 |

幻術は人間の思い込みを巧みに利用していただけ

　忍者の術と聞いて、真っ先に連想するのは何かと問えば、多くの人が分身の術を挙げるのではないだろうか。忍者映画などにもたびたび登場するこの術は、一人の人間が何人にも分かれて、同時に襲ってくるというものだ。しかし、いくら厳しい修行を積んだとしても、実際に分身することなど到底できっこない。

　分身の術の原理については、いくつかの仮説が立てられる。そのひとつが、残像による目の錯覚を利用したとする説。高速で走り、一瞬だけ動きを止め、また移動する。これを繰り返すことで動きを止めた部分に残像が残り、あたかも分身したように見えるというものだ。また、影武者を使ったという説もある。忍者は「党」と呼ばれる血縁関係にある同族で組織されることが多かったため、顔かたちが似ている者がいても何ら不思議ではない。

　もっとも有力視されている説が、相手に"分身が見える"という暗示をかけていたというものだ。「八方分身（はっぽうぶんしん）」とも呼ばれる術で、催眠術で"敵に囲まれている"という暗示をかけるという一種の幻術に近いものだったという。一説によると、麻薬を用いたのではないかと考えられている。

　では、幻術とはどういったものだったのか。これは人間の思い込みや錯覚を利用した術で、いまでいう手品のようなものだったといわれている。

　忍術と幻術はまったくの別物ではあるが、忍者の変装術である「七方出（しちほうで）」のひとつに手品や曲芸を見せる放下師があったことから、手品に精通した忍者がいたことも容易に想像できる。

　いずれにしても、分身の術については記録がほとんど残っておらず、真偽のほどは定かではない。ただ、忍者は何らかの方法を用いて分身したように見せられたことは間違いないだろう。

二章　忍術の作法

幻術

人の心を操る忍者の秘技中の秘技！

忍術の中でもっとも有名な分身の術。幻術のひとつとして数えられ、忍者は他にも数々の不思議な術を使った。

分身の術
ひとりの人間が何人にも分かれる術。残像説や影武者説などがあるが、暗示をかけた催眠術が有力視されている。

呑牛の術
生きている牛を一頭飲み込んだように見せる幻術。幻術師の加藤段蔵が得意だったという。

ネズミに化ける術
磔の刑を命じられた戦国時代の幻術師・果心居士がネズミに変身。縄をほどいて逃走を図ったという。

証跡　幻術が上手すぎて殺された果心居士と加藤段蔵

果心居士と加藤段蔵は、ともにその優れた幻術により危険人物としてみなされ処刑された。果心居士は織田信長など多くの武将の前で幻術を披露し絶賛されたが、豊臣秀吉の秘密を暴いたために処刑されてしまう。そのとき彼はネズミに姿を変えて脱出したという言い伝えがある。また加藤段蔵は、上杉謙信に仕えようと試験を受けるが、課題だった重臣の長刀を奪うことの他に、番犬を殺し娘を連れ去るという技を披露した。敵になったときの恐ろしさを感じた謙信は、段蔵を殺そうとしたがその前に脱出。その後、武田信玄のもとに向かうが、信玄からも恐れられ家臣に殺されてしまった。

忍術の作法 その十一

精神統一や災いを退けるために決めポーズで呪文を唱えた

| 該当する時代 | 室町後期 | 戦国前期 | 戦国中期 | 戦国後期 | 江戸初期 | | 該当する目的 | 潜入 | 情報収集 | 暗殺 | 逃走 | 攻撃 | 伝達 |

精神を統一して恐怖の心を取り除くための呪文と印

　漫画などにも登場する「臨兵闘者皆陣烈在前」という呪文。この呪文は「九字護身法」というものであり、忍者が精神統一するため、または災いを退けるために唱えたものである。

　忍術のルーツのひとつは修験道という山岳信仰であり、その修験道から持ち込まれたのがこの九字護身法である。さらにさかのぼると、修験道の信仰には中国から伝来した密教の要素があり、九字の起源も中国にあるとされている。中国の道教の魔除けの呪文が日本に伝わって、密教や修験道に取り入れられたのちに、忍者も使うようになったのだ。

　臨兵闘者皆陣烈在前は、読み下すと「兵に臨んで闘う者は皆陣烈前に在り」となる。戦うときは先頭に立って向かっていくものという意味で、呪文を唱えることで己を奮い立たせたり、恐怖心を消したりする効果や、戦勝のご利益があるとされた。

　九字を唱える際には、両手の指を複雑な形で組んだ。これを「印を結ぶ」と呼ぶ。昼は太陽に向かって、夜は月に向かって「臨、兵、闘、者、皆、陣、烈、在、前」と唱えながら、9つの印を結ぶのだが、それ以外のやり方として「九字を切る」というものもある。右手の人差し指と中指を伸ばす「刀印」の形をつくり、九字を唱えながら、一文字ごとに交互に横と縦に刀印で線を引く動作をする（横、縦、横、縦、横、縦……の順で、横に計5回、縦に計4回）。これで、印を結ぶのと同じ効果が得られるとされた。

　九字護身法以外では、「天龍虎王命勝是水大円」の10文字を手のひらに書いて、握ったり飲み込む仕草をしたりする「十字の秘術」や、仏教の守護神である摩利支天の力を借りる「オン・アニチ・マリシエイ・ソワカ」という呪文も、忍者はよく利用した。

二章　忍術の作法

九字護身法

勇気を奮い立たせるための呪文

「自分は大丈夫」「何とかなる」と暗示をかけるために、忍者は九つの字からなる呪文を唱えていた。

月に向かって印を結ぶ

夜なら月に、昼なら太陽に向かって印を結ぶのが決まりだった。戦闘前に行うことで精神を安定させ、集中力を高める効果があった。

九字護身法

臨　人差し指を立て、他の指は交互に組む。

兵　人差し指に中指をからませ、薬指と小指は交互に組む。

闘　左手の人差し指に右手の人差し指と中指を絡め、2本の間に左手の中指を入れる。薬指、小指は立て合わせる。

者　中指と薬指を内向きに絡め、人差し指と小指を立て合わせる。

皆　すべての指を交互に組む。

陣　すべての指を内側に組む。

烈　左手の人差し指を立て、右手で握り込む。

在　三角形をつくるように、両手の親指と人差し指を合わせる。

前　左手を軽く握り、左手を右手で覆う。

忍術の作法 その十二

任務のプレッシャーは呪術と占いではねのける

| 該当する時代 | 室町後期 | 戦国前期 | 戦国中期 | 戦国後期 | 江戸初期 |

| 該当する目的 | 潜入 | 情報収集 | 暗殺 | 逃走 | 攻撃 | 伝達 |

🌀 信じてはいなかったがそれでも頼っていた

　前項で忍者が用いた呪文「臨兵闘者皆陣烈在前」を紹介したが、他にも忍者は呪術や占いを活用した。

　三大忍術書のひとつと称される『忍秘伝』には、「カンマン・ホロホン」という梵字を自分の額に記して、「天上鳴弦雲上帰命頂礼」と２回唱えると、困難を打破できると書かれている。「カンマン」は不動明王を意味し、「ホロホン」の詳しい意味はわかっていないが、仏の強い力を示すと考えられている。つまりは、「カンマン・ホロホン」は仏の力であり、この呪術はそれを借りるためのものなのである。

　同じく三大忍術書のひとつである『正忍記』は、他の忍術書よりも呪法について詳しく書かれている。敵に狙われないための呪符、人間関係をよくもするし悪くもする呪符、戦闘でケガをしないための呪符などが紹介されている

が、同書では「呪符の効果を期待するのは無知だが、捨てる理由もない。時と場合によって使用すればいい」というように呪符のことを扱っていて、忍者たちが呪術の効果を無邪気に信じていたわけではないことがうかがえる。

　忍者が活用した占いとして、中国から伝わった「八門遁甲」の他、縄で占う「縄占」、一年365日や森羅万象を象徴する首飾りで占う「首飾曲玉之秘伝」などがある。自分の身体を使った「三脈護身」、「眼脈」という占いもあった。三脈護身は首の左右と両手首の脈を調べて、脈拍が乱れていたら用心するというもの。眼脈は目頭を指でぐっと押さえたときに通常であれば見える白い光が見えない場合は、よくないことが起きる前兆だと考えて用心するというもの。

　占いには科学的根拠はないが、忍者は迷いを断ち切って果敢に行動するために占いを利用していたのではないかと考えられている。

二章　忍術の作法

呪術

呪術や占いで神仏の助けを求めた

神仏のご加護を受けるべく呪術や占いを行っていた忍者。戦乱の世では、心の支えが必要だったものと思われる。

呪術
「天上鳴弦雲上帰命頂礼」と2回唱えると、不動明王のご加護があり、どんな困難にも立ち向かえる力が備わった。

カーン　マン　ホロホン

梵字
自身の額や首に梵字と呼ばれる文字を描いた。梵字はインドの密教が由来であり、忍者はその影響を色濃く受けていた。

首飾曲玉之秘伝
首飾りを使って森羅万象を占う。

縄占
縄をぶら下げて、どちらを取るかで吉凶を占った。また、鹿や猪などの獣骨を使った占いも存在した。

忍術の作法 その十三
敵の注意を逸らす手段として ネズミや猫の鳴き声を習得した

該当する時代	室町後期	戦国前期	戦国中期	戦国後期	江戸初期

該当する目的	潜入	情報収集	暗殺	逃走	攻撃	伝達

✴ 使えるものは動物さえも使うのが忍者の流儀

　忍者も同じ人間なので、どんな過酷な修行をしても完全に気配を消すことはやはり不可能だった。どんなに音を立てまいと思っていても、呼吸音や心音など、最低限の音を発してしまう。そこで、消しきれない音を他の生き物に見せかけるために、動物の声を真似たのだ。

　ちなみに、忍者が天井裏に潜入した場合に鳴き真似をしたのがネズミである。日本家屋はいまも昔もネズミが住みつきやすく、住人が物音に気づいても、「チューチュー」と鳴けば違和感なくやり過ごせる。

　また、潜入先が庭であれば猫や犬の鳴き真似をすることで、その後に発する物音も動物の仕業であると思い込ませられた。

　人間は正体のわからないものに対して不安を抱くが、わかっていることに関しては途端に無頓着になる。物音に多少違和感があっても、動物の声を聞けば、「さっきから物音がしているが、きっと鳴いていた動物だろう」と、自分で説明をつけて納得してしまう。忍者はそんな心理を突くために、日頃から真剣に動物の鳴き真似を練習したのである。

　そんな鳴き真似を得意とする忍者だが、動物自体を利用することもあった。自分の正体を隠すために忍者は猿回しの大道芸人に変装することがあったが（※P39）、猿回しの猿は忍者の相棒にもなったという。屋敷に忍び込む際、猿に扉の錠を外させるなど、猿が身軽で手先が使えることを活かしたのだ。

　また、あらかじめ用意していたネズミを放って自分が潜んでいることをごまかすこともあった。家屋に潜入する際には、まるで手品師のように懐にネズミを忍ばせていたのである。ちなみに、ネズミの代わりにヘビやカエルを忍ばせることもあった。

二章　忍術の作法

物真似の術

鳴き真似をさせれば右に出る者はなし！

敵に自身の気配を悟られれば命の危険につながる。どこで、敵の意識を逸らすために動物の鳴き真似を習得した。

猫の鳴き真似
侵入した庭先で気配を悟られた場合は、猫の鳴き真似を行った。野良猫はそこら中にいたので、違和感なくやり過ごせた。

ネズミの鳴き真似
天井裏に隠れた際に、敵から見つかりそうになった場合はネズミを真似た。また、懐から本物のネズミを取り出すこともあった。

犬の鳴き真似
昔は現代より多く野犬がいて、犬を飼っている家も多かった。そのため犬の鳴き声は外であればどこでも違和感がなかった。

忍術の作法 その十四
大事なことを記憶するのに体を傷つけ痛みで覚えた

該当する時代	室町後期	戦国前期	戦国中期	戦国後期	江戸初期

該当する目的	潜入	情報収集	暗殺	逃走	攻撃	伝達

物と関連づけたり己を傷つけたり……

忍者にとって敵地に潜入しての情報収集は大事な任務のひとつだが、その情報を紙などに書き残すことはなかったと考えられている。

その理由のひとつは、忍者は暗い天井裏や床下などに潜んで情報を得るため、文字を書ける状況ではないこと。もうひとつは、情報を紙などに残すと、取り調べや関所などで見つかり忍者だとバレてしまう危険性があること。これらの理由から、情報を書かずに頭の中にしっかりと記憶することを忍者は選んだのだ。

情報を忘れないために、忍者はさまざまな記憶術を生み出した。

たとえば、敵の軍勢の人数などの数値を覚える場合、ただの無機質な数字の羅列を記憶することは難しい。日本史や世界史の年号を覚える学生が語呂合わせを利用するように、数字を何かと結びつける必要がある。そこで忍者は、「頭＝1」「額＝2」「目＝3」「鼻＝4」などのように体の部位と数字を関連させて、「敵兵の数は頭・額・目・鼻＝123人」というように記憶する「連想法」を用いた。そこに「敵兵は頭がでかく、額に目がついている」など大げさなイメージをつけ加えることで覚えやすくしたという。体の部位だけでなく、「イモ＝1」「煮梅（にうめ）＝2」「山椒（さんしょう）＝3」というように最初の一文字が数字と同じ食べ物を関連させて覚えることもあった。

絶対に忘れてはいけない重要情報の場合に、忍者が頼ったのが「不忘（ふぼう）の術」である。これは情報のことを思い浮かべながら、刀などで自分の体に傷をつけるという術だった。人は傷を見ると、ケガをしたときの状況を鮮明に思い出すことがある。これを利用したのが不忘の術であり、傷跡を見た忍者は、その傷をつける際に考えていた情報のことを思い出したのである。

二章　忍術の作法

連想法

メモをとらなくても記憶バッチリ！

敵の文書を盗み見ることがあった忍者。現物を持ち歩くと怪しまれるため、独自の記憶術を使って頭に叩き込んだ。

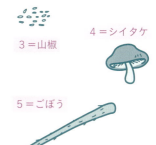

連想法①

軍勢の数や進軍の日数などの数字はなかなか覚えにくいもの。そこで、数字を食べ物に置き換えて語呂合わせで記憶した。

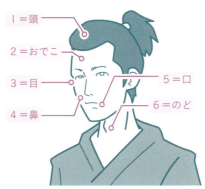

連想法②

数字を顔の部位に置き換えて覚えるという方法もあった。数字だけを記憶するよりも忘れにくく思い出しやすかった。

不忘の術

自分を傷つけながら記憶する方法。痛みや恐怖などをともなう記憶は残りやすく、トラウマとして長期的に記憶することができた。

忍術の作法 その十五
女忍者のくノ一は架空の人物だった

該当する時代	室町後期	戦国前期	戦国中期	戦国後期	江戸初期

該当する目的	潜入	情報収集	暗殺	逃走	攻撃	伝達

情報収集や男忍者のサポートで活躍した女忍者くのいち

「くのいち」という呼び名で知られる女忍者。「女」という漢字を分解すると「く」「ノ」「一」になるから「くのいち」とされ、「くのいち」に女忍者という意味があったわけではない。

一説には、女忍者を最初に配下に置いたのは戦国武将の武田信玄といわれている。女忍者といっても忍び装束に身を包んだ女性ではなく、「歩き巫女」と呼ばれる者たちであった。彼女たちは特定の神社に属さず、巫女装束で全国各地を練り歩く神の使い。関所を自由に行き来できたので、敵国の情報を集めさせるのに好都合な存在だったのだ。ちなみに、巫女の集落として知られる長野県東御市祢津には、巫女たちが現在も静かに祀られている。

また、女忍者は、男では潜入が難しい場所での情報収集で活躍した。女忍者が敵の内部に入り込んだ上で、荷物を取り寄せ、その荷物の二重底にまぎれて男の忍者が潜入するという「隠蓑の術」も使った。

「五欲の理」（※P40）の中の「性」を利用して、女忍者が情報を得ることもあった（情報元が女性や同性愛者の男性だった場合は、男忍者が同様の働きをした）。

だが、そもそも女性の忍者は実在しなかったという説もある。忍者が活躍した時代に、女忍者の存在に言及した記録がないというのだ。江戸時代の忍術書『万川集海』では、男性が潜入しにくい場合は女性がかわりに潜入するという「くノーの術」が紹介されている他、前述の隠蓑の術も紹介されているが、これはあくまで女性を起用した術であって、女忍者が活躍したことにはならないというのが、女忍者が実在しないという論者の意見。つまり、映画や漫画に登場するようなセクシーな女忍者は、創作だった可能性が高いというわけである。

二章　忍術の作法

くノ一

忍者は男だけとは限らない

尼寺や遊郭など、男が潜入しづらい場所では女忍者が活躍。陰の存在である忍者を陰で支えていた。

くノ一の術①
女中として敵の城に潜入して内部情報を収集。いつの時代でも女性はうわさ好き。女中のうわさ話は貴重な情報源になった。

くノ一の術②
話を立ち聞きしても、女性であれば敵から疑われることが少ない。また、部屋の掃除をするふりをして文書などを盗み見た。

隠蓑の術
荷物にまぎれて敵陣に侵入することを「隠蓑の術」といった。女性に対しての荷物チェックはあまかったので、忍者はその裏をかいた。

忍びFILE
女忍者には装束はなかった!?

男の忍者と同じように装束を着て、襲いかかる敵を次々と斬り倒す。ドラマで描かれているようなそんな女忍者は存在せず、女中などの一般女性の格好をしていたという。

column ②

忍術の心得を和歌の形で編んだ『義盛百首』

忍びの心構えをとらえた歌が盛りだくさん

忍者の心得を和歌形式で説いた『義盛百首』は、源義経の家来であり忍者の伊勢三郎義盛の作といわれている。「窃盗には ときを知るこそ 大事なれ 敵の疲れと 油断するとき」〈忍びは好機を知ることが大事であり、それは敵が疲労したときと油断したときだ〉というように、具体的な行動指示が込められている歌や、「武士は つねにしんじん いたすべし 天に背かば いかでよからん」と精神性を説く歌もあり、忍者は武士の一員であり、誇りを持つよう説いている。教訓を詠んだ和歌は「道歌」といい、忍術以外に蹴鞠で遊ぶ時や茶道などの心得も百首の歌にしたものがある。

三章

忍具の作法

情報収集が主な任務だった忍者。城や屋敷に潜入する際、その手助けとなるのが忍具と呼ばれる品々だった。ただし、持つことができる数には限界があるため、任務に応じて所持する道具を使い分けていたという。本章では忍者必携の基本アイテムから、特殊な道具までを紹介する。

忍具の作法 その一

忍び装束のトレンドは黒ではなく紺色や茶色

| 該当する時代 | 室町後期 | 戦国前期 | 戦国中期 | 戦国後期 | 江戸初期 | 該当する目的 | 潜入 | 情報収集 | 暗殺 | 逃走 | 攻撃 | 伝達 |

フィクションの中の真っ黒な忍び装束は実在しなかった？

映画や漫画で登場する忍者が身にまとっている「忍び装束」。眼だけを出した頭巾、動きやすい上着に袴姿の黒装束。忍者といえば、そうした時代劇や映画に登場するような姿をイメージする人が多いことだろう。

だが、実際に忍者が着た服の色の大半は、濃い茶色や紺色、柿渋色（赤黒くて暗い色）だったといわれる。忍者が活躍した時代はいまと違って照明が少なかったため、濃く地味な色なら十分に姿を隠すことができたのだ。実際、三大忍術書『正忍記』には、「茶や紺は世間に多い色で目立たなくてよい」とも書かれている。

また、忍者はつねに忍び装束を着ていたわけではない。忍者は昼間に活動することもあったが、昼間だと逆に忍び装束は目立ってしまう。そこで、昼間は目立たないよう庶民の服で行動

し、夜になってから忍び装束に着替えるのがお約束だった。

ちなみに、忍者が好んで着用したのが筒袖と野良袴。袖や袴は細身になっているため動きやすく、諜報活動にうってつけであった。しかも、忍者はこの服装をベースに、いろいろな仕掛けを施した。

たとえば、袴の帯は暗闇でも素早く結べる仕組みになっており、羽織はリバーシブルになっていて裏返しに着て別人を装うこともあった。脛の脚絆には「もの入り」と呼ばれる小袋が取りつけられ、棒手裏剣を差せるようになっていた。また、足袋の足裏には綿を入れて足音を立てないようにしたり、頭巾は約２mの一枚布で、ロープや包帯にも使えたりした。

こうした装束の色を真っ黒にすれば、我々がイメージする忍者の格好に近くなるのだが、全身黒づくめのスタイルではなかったというのは、かなり意外である。

三章　忍具の作法

忍び装束

忍び衣装は忍者にとっての戦闘服

正体がバレないように、肌の露出を抑えたデザインが特徴的な「忍び装束」。各部はさまざま工夫が凝らされていた。

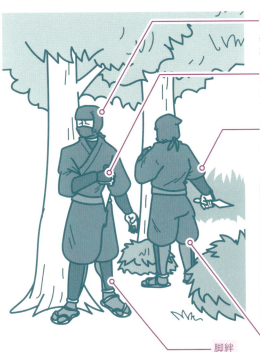

頭巾
長さは約2m、幅は30〜50cmほど。緊急時は担架や包帯の代用品にもなった。

手甲
腕から手の甲までを覆った防具。外傷だけでなく、虫除けや寒さ対策にもなった。

筒袖
袂がなく筒のような形をした袖。袂がないため引っかかりにくく動きやすい。

POINT
ポケットを多数配置

羽織
羽織の内側には、火種や薬などを入れるためのポケットが取りつけられていた。

脚絆
脛を保護するための被服。上下の紐を後ろから回しまえで結んで装着した。

袴
忍者の袴は一般的なものと違い、動きやすいように裾は細く絞られていた。

わらじ
夜でも目立たないように、忍び装束と同じ色に染めることもあった。

足袋
足に履く下着。音が立たないように、底に綿を仕込んでいた。

忍びFILE

忍者の褌は動きやすい

忍者の褌は長すぎず短すぎない特殊なもので、両端に紐が取りつけられていた。その形状は、戦国時代の武士が愛用した「割り褌」に近く、紐を首に引っかけて着用するタイプであった。

忍具の作法 その二
手ぬぐいや筆記用具は諜報活動に欠かせない

該当する時代	室町後期	戦国前期	戦国中期	戦国後期	江戸初期

該当する目的	潜入	情報収集	暗殺	逃走	攻撃	伝達

忍者の任務で必携なのはこの6つの道具類だ

仕事で必要な道具のセットのことを「七つ道具」というが、忍術書『正忍記』では忍者の必携の道具類として「忍び六具」を取り上げている。

これは、忍者が任務で遠方に出向く際には、必ず持っていくべきとされた道具で、「打竹」「編笠」「三尺手ぬぐい」「矢立・石筆」「鉤縄」「印籠」の6つが紹介されている。

打竹とは竹筒の中に火種を入れ、火を起こすためのもの。照明、料理の際の煮炊き、仲間への合図、火薬の着火などで使用した。

編笠は頭にかぶる笠で、日よけや雨よけ以外に、顔を隠すのにも役立った。笠の内側に弓などの武器を仕込むこともあったという。

三尺手ぬぐいは、91cm程度の手ぬぐい。包帯や帯の代わりにもなり、泥水を濾過して飲み水を調達することもでき た。

矢立は、すずりと筆をひとつの容器におさめたもの。石筆はロウを使った筆記用具の一種。これらを使って、道端に仲間へのサインや目印などを書いた。敵の城の見取り図を書くこともあったという。

鉤縄は、長い縄の先に鉄の鉤爪がついたもの。高い壁をよじ登ったり、敵を縛ったり、下にあるものを引き上げたり、船を固定したりと、さまざまなことに利用できた。

印籠は薬の容器で、傷薬、毒薬、解毒薬、睡眠薬、虫よけなど、任務遂行に必要となるさまざまな薬を入れて使った。

また、これらの六具は、江戸時代のベストセラーだった旅行本『旅行用心集』に、旅人にとって便利な道具として掲載された。つまり、旅人も持っている道具であり、万一見られても怪しまれないという利点があったのだ。なぜ6つに絞ったかというと、忍者は任務の際に邪魔にならないよう手荷物を少なくする必要があったからである。

三章 忍具の作法

忍び六具

忍者必携の6つの基本アイテム

任務に使う6つのアイテムを「忍び六具」と呼んだ。一般人も使っていた道具だったため持っていても怪しまれなかった

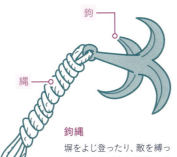

鉤

縄

鉤縄
塀をよじ登ったり、敵を縛ったりとさまざまな用途で使用した鉤つきの縄。

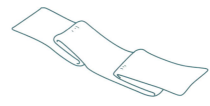

三尺手ぬぐい
文字通り三尺(約91センチ)ある手ぬぐい。頭巾包帯、泥水をこして飲むなど、いろいろな用途があった。

石筆
仲間に目印や暗号を伝えるため使ったチョークのようなもの。矢立とよばれる筆記用具を使うこともあった。

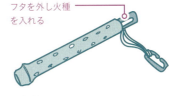

フタを外し火種を入れる

打竹
火種を入れておくためのアイテム。料理をするときや狼煙をあげるときなど、火を使う際に必須だった。

編笠
頭にかぶることで日よけや雨よけに。顔も隠せるので重宝したという。

ここを上に引くとフタが開く

印籠
薬を入れるための小箱。傷薬だけでなく、睡眠薬や毒薬なども入れていた。

忍具の作法 その三
平型だけでなく棒状の手裏剣もあった

該当する時代	室町後期	戦国前期	戦国中期	戦国後期	江戸初期

該当する目的	潜入	情報収集	暗殺	逃走	攻撃	伝達

平らで丸型の手裏剣よりも棒型のほうが多く使われた

　忍者のトレードマークともいえる手裏剣。フィクションの世界で登場する手裏剣は、星型や風車型のものが多いが、実際、その形状はさまざま。しかも、手裏剣は忍者専用の武器ではなかった。

　そもそも、手で投げる武器は奈良時代や平安時代の頃から使われていた。これが洗練され、進化したものが手裏剣と考えられている。手裏剣は忍者以外にも使われ、江戸時代に武士が学ぶべきとされた武芸「武芸十八般」の中に手裏剣も含まれていた。

　手裏剣は大別すると、丸くて平らな「平形手裏剣」と棒型の「棒手裏剣」に分けられるが、安価でつくりやすく、かさばらないといった理由から棒手裏剣のほうが多く使われたという。

　手裏剣の打ち方には、いくつかの種類があった（手裏剣は「投げる」ではなく、「打つ」と表現する）。車手裏剣は上から振り下ろす「本打」がスタンダードなものだが、手を横に振る「横打」も使った。また、棒手裏剣は標的までまっすぐ飛ばす「直打」と、回転させながら飛ばす「回転打」があった。車手裏剣のほうが相手に刺さる箇所が多いため、難易度が低い。棒手裏剣は車手裏剣より深く刺さるため威力がより強いという特徴があった。

　手裏剣の射程距離は最大でも15m程度で、殺傷能力もそこまで高くない（暗殺目的のときは毒を塗った）。鉄製でひとつひとつが重いため、たくさん持ち歩くこともできない。そのため、いざというときに打って相手をひるませて逃げるというような使い方をしたと考えられている。

　ちなみに、特殊な武器である手裏剣は所持していることがバレると怪しまれるため、実際、忍者は使わなかったという説もある。この説では手裏剣ではなく、持ち歩いても不審に思われない五寸釘を使ったと考えられている。

三章　忍具の作法

車手裏剣

忍者の名刺代わりとなる暗殺具

"忍者の代表的な武器"という印象が強い手裏剣。武士が携帯しており、決して忍者専用の武器というわけではなかった。

四方（十字）手裏剣

六方手裏剣

卍手裏剣

三方手裏剣

手裏剣の種類
一般的に知られているのが四方（十字）手裏剣。その他にもいろいろな形があり、刃の数が多いほど相手に命中しやすい。

鉄毬（てつまり）

火車剣

十方手裏剣

流れ卍手裏剣

薄い鉄板に刃がついたこれらすべての手裏剣を平型手裏剣という。刃の数や形により、名称はそれぞれ異なる。また、火縄のついた火車剣や立体的な形の鉄毬など、特殊な形をした手裏剣も存在。殺傷能力が低いため、葉先に毒を塗ることもあった。

棒手裏剣

相手に命中すれば大ダメージを与えられる

棒手裏剣はその名の通り、全長10〜20cmほどの棒状の手裏剣。致命傷を負わせられる強力な武器だった。

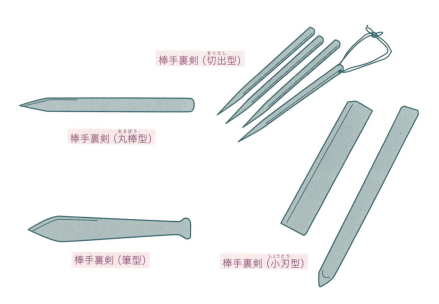

ボールペンのような丸棒型に筆のような筆型、キリのような切出型やナイフのような小刃など、棒手裏剣にもいろいろな種類があった。平型手裏剣よりも威力は絶大だったが、敵に命中させるためには高い技術が必要だった。

棒手裏剣の打ち方

直打
剣先の反対側を握って回転させずに打つ方法。的に向けてまっすぐに飛ばすためには、先端に重心をかけるようにする。

回転打
剣先を握って回転させて打つのが回転打。直打と同じように腕を振るが、手を放す瞬間に手首の力を入れて回転がかかるようにする。

三章　忍具の作法

握り方

近距離と遠距離では握り方が異なった

修行を積まないとすぐには打つことができない。車手裏剣の場合、距離によって主に4種の握り方が存在した。

近距離用
親指の腹部分と人差し指の側面ではさむ握り方。力が入らないので近距離に限られる。手が傷つきにくく、刃先に毒を塗ることができた。

中距離用
距離が少し離れる場合、手のひらに手裏剣を乗せて、親指の側面で押さえる。手の平が傷つく可能性があり、毒の塗布は行わなかった。

中・長距離用
人差し指を伸ばして、刃を押さえながら握る。これにより命中率が格段に上がり、回転も加えられるので遠くにも飛ばすことができる。

長距離用
人差し指を刃に引っかけることで安定し、威力が増大。回転もかけやすくなるので、遠方に飛ばすことができる。

平型手裏剣の打ち方

本打
後方に振りかぶって、振りおろしながら打ち込む方法。モーションが大きいため、相手に気づかれる前に打つのが理想的。

横打
体の外側から内側、もしくは内側から外側に向かって打つスタイル。座った状態や寝ている状態など、状況を選ばず打てる。

忍びFILE

手裏剣はあくまで護身用

十数枚の手裏剣を手のひらに乗せて乱れるように打ち、手裏剣をくらった敵はバタバタと倒れる。おそらく多くの人は、手裏剣にそんな印象を持っていることだろう。しかし、実際はもしものときのための護身用として、数枚しか持ち合わせていなかったようだ。

忍具の作法 その四
吹き矢の筒は笛にもなる
絶対バレない暗殺道具

該当する時代 ▷ 室町後期 | 戦国前期 | 戦国中期 | 戦国後期 | 江戸初期

該当する目的 ▷ 潜入 | 情報収集 | **暗殺** | 逃走 | **攻撃** | 伝達

音もなく相手を暗殺する 小さくても凶悪な武器

　筒に息を吹き込んで矢を飛ばす吹き矢。狩猟やスポーツなどで使われているが、忍者も暗殺のための武器として使用した。吹き矢で飛ばしたのは、毒を塗った針である。針には飛距離を向上させるために、和紙や葉っぱでつくった羽根をつけた。

　忍者にとって吹き矢は、弓矢と比べて狭いところで使えたり、瞬時に放つことができたりと、数々の利点があった。吹いたときに音がしない点も忍者向きである。

　狩猟やスポーツなどに使う通常の吹き矢は、命中率を高めるために筒をできるだけ長くするが、長い筒を忍者が持ち歩くわけにはいかなかったので、代わりに笛を筒として使用した。笛の内側には紙の筒が入っており、紙には笛と同じ位置に穴が開いている。楽器として音を鳴らすことができるが、吹き矢の筒として使用する際には紙の筒を回して笛の穴が塞がるようにしたのだ。

　敵地に潜入する際、変装することもあった忍者は、笛を持っていてもおかしくないよう旅芸人に扮し、笛の練習も行ったという。

　笛以外ではカラスの羽根を使用した。羽根の軸は中が空洞になっているため、細い管として活用できた。この際は羽根を5本束ねて、それぞれに1本ずつ針を入れていた。また、柿の葉を丸めて使うこともあった。

　吹き矢以外では、筒を使わず、口に直接針をくわえて、息で飛ばす「含み針」という技も使われた。場合によっては、1本だけでなく複数の針を飛ばし、鍛錬することで吹き矢よりも遠くまで飛ばすことができたという。

　忍者が使ったのは、断面が三角形で曲がりにくく刺しやすい「三稜針（さんりょうしん）」という針である。衣服のほころびを直す本来の使い方もしたが、武器としても使った。

三章　忍具の作法

吹き矢

狭いところからでも仕留められる暗殺具

筒から毒を塗った針を飛ばして、一瞬で敵を殺す吹き矢。正体を知られたくない忍者にとっては理想的な武器だった。

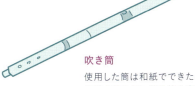

吹き筒
使用した筒は和紙でできた紙製の筒を長い筒を持ち歩いていると怪しまれるため、紙製の筒を笛としても使えるようにできていた。

含み針
口に含んだ針を飛ばす攻撃方法。遠くに飛ばすのは難しいため、主に接近戦で使用。この針は医療器具としても活用された。

カラスの羽根
カラスの羽根の軸は空洞になっているため、そこに針を入れて保管した。また、羽根の管を5本セットで束ねてそれぞれに針を入れ、吹き矢としても使用した。

吹き針
和紙で細い筒をつくり、その中に針を入れて即席の吹き針にした。

柿の葉
柿の葉を丸めて即席の筒をつくることもあった。ただし、命中率や飛距離は格段に下がった。

忍具の作法 その五

武士がサブに持っていた刀を忍者はメインの刀として用いた

該当する時代	室町後期	戦国前期	戦国中期	戦国後期	江戸初期

該当する目的	潜入	情報収集	暗殺	逃走	攻撃	伝達

相手を斬るだけでなく便利な道具として利用した

忍者が使った刀は「忍び刀」と呼ばれている。通常の刀は刀身が、刃渡りが70cmほどだった通常の刀に対して、忍び刀は40〜50cmと短い。そして鍔が四角くて大きいとされる。しかし、こうした刀の実物は発見されていないし、忍術書にもそのような刀についての記述はない。忍び刀とは近代でつくり出された概念だと考えられる。実際には忍者は長脇指を指していた。

忍者は潜入する際水に入ることもあったので、水中で使用するための工夫もあった。目立たない暗い色の柄には、漆を塗って滑り止めの紐が巻いてあり、水に濡れても手が滑らないようになっている。鞘は先端が蓋のようになっており、外せば水中で呼吸するためのシュノーケルとしても使えた。ただし、鞘が長いため長時間の潜水は難しかったと思われる。

鞘についていた紐の「下緒」は通常の刀よりかなり長くなっていて、これによって「下緒七術」というテクニックが使えた。

そのひとつである「座探し」は、暗いところに侵入する場合、鞘が抜けかけた状態にして下緒を口にくわえて、刀を前にした状態で進む。敵が鞘に触れた瞬間に、下緒を口から離して鞘を落として刀で攻撃した。

その他に、塀を乗り越える際に、口に下緒をくわえて、塀に立てかけた刀を足場にして上に登り、下緒で刀を引き上げる「吊り刀」。侵入してきた相手の足を引っかけて転ばせるために、低いところに下緒を張る「用心縄」。捕まえた敵を縛る際や、止血のために縄代わりに使う「指縄」。野宿するときに、下緒を木と木の間に通して簡易屋根をつくる「野中の幕」。敵の槍攻撃を止めるため、刀と鞘を両手で持ち、槍に下緒を巻きつけて奪い取る「槍停」があった。

三章 忍具の作法

忍び刀①

武士とは異なる刀の扱い方

武士にはスピードでは負けないが、腕力で立ち向かえば負ける。そのため、忍者は武士とは異なる戦い方を極めた。

打刀と長脇指の違い

打刀
足軽などの一般的な武士が持っていた刀。反った刀身は、突くよりも斬るほうが向いている。

長脇指
農民などの非武士身分の者が愛用した脇指。忍者はその中でも一番大きな長脇指を使用。

POINT
刃渡り70cmほどで反った刀身が特徴。

POINT
刃渡りは54.5〜60.6cm。やや反りがあるのが特徴。

戦い方の違い

斬る、叩く
通常は相手を斬るために使うものだが、血や脂でだんだん切れ味が悪くなってしまう。斬ることができなくなった場合は、敵を力いっぱい刀で叩いていた。

突き刺す
反りの少ない刀身を活かして突き刺すのが忍びの剣術。また、打刀よりも刀身が短いため、相手の間合いに飛び込まなければならないというリスクがあった。

忍びFILE

なぜ武士の刀身は反っているのか？

刀身がまっすぐの刀は「直刀」と呼ばれ、刀身が反った打刀は「彎刀」と呼ばれる。奈良時代まで、刀といえば直刀を指していたが、平安時代に彎刀が生まれ、日本刀の基本ができあがった。平安時代の主戦場は馬上。突くよりも、スピードを活かして斬るほうが合理的だったのである。

| 忍び刀② |

忍び刀は人を殺すためだけの道具ではない

「刀は武士の魂」などといったりするが、忍者にはその精神はない。登器の代用や自分の身を守るために用いた。

用心縄（ようじんなわ）
下緒を低い位置に張り、敵の足元に引っかけて転倒させる。寝ているときの用心や、敵を待ち構える罠として使った。

座探し（ざさがし）
潜入先が真っ暗で、先が見えないことがある。そんなときは鞘を刀の端に引っかけ、下緒を口にくわえることで杖の代わりにした。

指縄（さしなわ）
ケガをしたり斬られたりしたとき、止血として下緒を利用。長い下緒は傷口を縛るのにうってつけだった。

吊り刀（つりがたな）
刀を足場にして塀を登ったあと、下緒をたぐり寄せることで登器のかわりになった。刀を地面に突き刺して固定するのがポイント。

三章 忍具の作法

忍び刀③

下緒を最大限に活用するのが忍びの作法

長脇指の最大の特徴は、鞘に取りつけられた長い下緒。この下緒によって敵を斬るという使用目的を可能にした。

槍停（やりどめ）
長脇指で長い槍を持った敵と立ち会うのは、圧倒的に不利な状況。そんなときは、長い下緒を使った戦術をとった。

敵が突いてきたところを、長い下緒で槍を絡め取る。あとは長脇指で突くもよし、取りあげた槍で突くもよし。この戦術により、一気に形勢を逆転できた。

野中の幕（のちゅうのまく）
野宿する際、羽織をかける支柱の代わりとして下緒を利用。即席のテントとなり、快適に体を休めることができた。

捕縛
下緒で敵を捕らえるときにも活用できた。下緒を切り離し、手足を縛って動けないようにすることで、縛り方は口伝だった。

忍具の作法 その六

相手を油断させるために武器は杖や扇に仕込んだ

該当する時代	室町後期	戦国前期	戦国中期	戦国後期	江戸初期

該当する目的	潜入	情報収集	暗殺	逃走	攻撃	伝達

相手に怪しまれずに武器を仕込んで隠し持つ

忍者が武器を持たない身分の人間に変装するときには、日用品にカモフラージュした武器、いわゆる仕込み武器を持った。

暗殺の任務のときなどは、ターゲットに武器を持っていると思わせずに接近して攻撃することもできた。また、こちらが武器を持っていないと思って攻撃してきた相手を返り討ちにすることも可能だった。

仕込み武器としていちばん多用されたのは、仕込み杖である。忍者が活躍した時代、多くの人は歩いて旅をしたので杖を持っている人が多く、武器を仕込む物として自然だったのだ。持ち手の部分を引き抜くと細身の刀が出てきた。その他には、鎖と分銅、毒薬、目潰し用の唐辛子などを杖に仕込むこともあった。鎖と分銅の場合は、相手の刀を絡め取った。僧侶や山伏が持つ錫杖（金属の輪がついた杖）にも武器を仕込んだが、この場合においては忍者は僧侶や山伏に変装した。

煙管にも刀が仕込まれた。煙管自体に刀を仕込むパターンと、煙管入れの中に刀を仕込むパターンがあった。

仕込み鉄扇もよく使われた。鉄扇とは骨の部分を鉄でつくった扇子で、これ自体が護身用の武器として用いられることもあったのだが、忍者はこれに刀を仕込んだのだ。扇子の持ち手が刀の柄になっている種類と、扇の部分が刀の柄になっている種類があった。

杖、煙管、鉄扇が仕込み武器として代表的なものだが、他に筆記用具の矢立に刀を仕込んだり、火箸に錐のような武器を仕込んだり、かんざしに小さな剣を仕込んだりした。

脇指や煙管に鉄砲を仕込むこともあったそうだが、当時の鉄砲は火縄式ですぐ使えなかったので実用性が低く、仕込み武器として実在したのかどうか疑問視されている。

仕込み杖

バリエーションに富んだ仕込み杖

敵から怪しまれないために、武器を持っていることはなるべく隠したい。武器を杖に仕込むのはまさに好都合だった。

仕込み杖（鎖）
杖に分銅をつけた鎖を仕込んだもの。相手が刀で挑んできても、鎖を使って絡め取ることが可能。また、長い鎖で敵を捕縛することもできた。

仕込み杖（槍）
杖に槍を仕込んだタイプ。老人などに扮装していたため、敵が油断したところで突き刺し、致命傷を負わせることも可能であった。

仕込み杖（刀）
杖に刀を仕込んだオーソドックスなタイプ。昔の移動手段はほとんどが歩き。杖は周囲に違和感を与えない最強アイテムといえる。

仕込み杖（目潰し）
杖の先に粉状の唐辛子を仕込んで、敵の顔面をめがけて噴射。殺傷能力はないが、敵から逃走するにはうってつけだった。

仕込み扇子

最小限の動きで相手を仕留める

忍者の鉄則は、無駄な物を持ち歩かないこと。日常的に使える扇子には、想定外の事態に備えて武器が仕込まれていた。

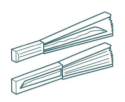

仕込み扇子
扇部分、もしくは持ち手の部分に小さな刃を仕込んだ。斬る、刺すだけでなく、棒手裏剣のように打つこともあった。

**扇部分に刀が隠してある
タイプの使い方**

いかに素早い動きで相手を突くかが重要であった。

**持ち手部分に刀が隠してある
タイプの使い方**

扇子を手渡すふりをして急襲。こちらのほうが相手の油断を誘えた。

三章　忍具の作法

仕込み武器

まだまだある！ 奥深い仕込み武器の世界

杖や扇子だけでなく、あらゆるものに武器を仕込んでいた忍者。丸腰と見くびれば、その先には死が待っていた。

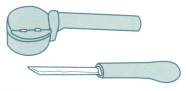

矢立（やたて）
矢立は筆と墨壺を組み合わせた携帯用の筆記用具。そこに刃を仕込めば、頑丈で握り具合のよい最高の仕込み武器になった。

かんざし
何の変哲もないかんざしだが、忍者の手にかかれば立派な武器のひとつに。くノ一が愛用していた。

煙管（きせる）
煙管に刃を仕込んだタイプ。短い刃しか仕込んでおけないため、あくまで護身用として携帯していた。

錫杖（しゃくじょう）
錫杖とは、山伏などの修験者が持ち歩いている杖のこと。山伏に扮装した忍者は、この錫杖にも武器を仕込んでいた。

寸鉄
中国から伝えられた輪を中指にはめて使う小さな武器。こちらも殺傷能力が低いため、急所を突く必要があった。

忍具の作法 その七

農具で使う鎌を武器として使用した

| 該当する時代 | 室町後期 | 戦国前期 | 戦国中期 | 戦国後期 | 江戸初期 |

| 該当する目的 | 潜入 | 情報収集 | 暗殺 | 逃走 | 攻撃 | 伝達 |

攻撃、防御、逃走の際に役立つ変わり種の武器

忍者たちが日用品の中に隠した仕込み武器（※P84）を紹介したが、ここでは一見して武器には見えない「隠し武器」を紹介しよう。

隠し武器の中でも最小なのが、指にはめる指輪型の「角手」である。指の腹側にトゲがついているため、危険な物を持っているようには見えないが、角手をつけた状態で相手の身体をつかんだり、手のひらで相手の顔面を攻撃したりしてダメージを与えられる。

広く知られている「まきびし」も隠し武器だ。鉄製のイメージが強いが、もとは水草の実であるひしの実を乾燥させたものを使っていた。ひしの実は非常に硬く四方にトゲがあるため、逃亡する際に地面にバラまくことで相手を十分に足止めできた。まきびしの種類として、木製の「木びし」や竹製の「竹びし」、鉄製の「鉄びし」がある。

手の甲に鉄の爪をつける「手甲鉤」も隠し武器の代表的存在。もとは草刈りに使う農具だったので、農民に変装した忍者が持っていても不審がられなかったため、広く用いられた。相手を引っかいて攻撃するだけでなく、相手の攻撃を受ける防御にも使えた。

手甲鉤のように握って使う隠し武器としては、メリケンサックのような「鉄拳」もある。その名の通り、握り込んで相手を殴った。

１mほどの長さの鎖の両端に分銅がついた「万力鎖」は、手の中に隠し持った分銅を投げつける武器。単なる攻撃だけでなく、相手の足に絡めて動きを封じることもできた。

万力鎖の片側が鎌になったのが、「鎖鎌」である。鎖鎌は武人に必要とされた「武芸十八般」にも含まれていたため、忍者だけが使った武器ではない。だが、鎌がそもそも農具であるため、持っていても怪しまれないというメリットがあり、忍者も使用した。

三章　忍具の作法

隠し武器①

護身用に備えた数々の隠し武器

諜報活動が主な任務の忍者にとって、敵からの逃亡は恥ではない。身を守るための切り札をいくつも隠し持っていた。

まきびし

皮袋などに入れて持ち運んでいたまきびしは、主に逃走用として使用。地面にまいて追っ手を足止めした。

目潰し

粉状の唐辛子を小袋に詰めたものを、相手の顔面にめがけて投擲。敵が悶絶している隙に逃亡を図った。

手裏剣

懐に隠し持った手裏剣も立派な隠し武器。ここぞというときに投げつけ、ひるんでいる隙に敵から逃れた。

隠し武器②

忍者は農具でさえも武器にする

手に収まるほどの大きさの武器は、すべて"隠し武器"。農民にとって日常の道具である鎌も、隠し武器のひとつだった。

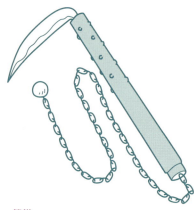

鎖鎌
農耕具の鎌に、鎖と分銅をつけた武器。鎌部分を使った攻撃よりも、鎖部分をいかに使うかが勝敗の分かれ目となる。

鎖鎌の使い方

鎖鎌の利点は刀よりも間合いが広く、遠くからの攻撃を可能とした。敵の腕に巻きつけるように投げるのがポイント。

敵の腕に巻きつけた鎖を引き寄せて、相手の刀を奪ったり、鎖鎌の鎌の部分を使って攻撃に転じたりした。

忍びFILE

武士の嗜みとされた「武芸十八般」

武芸十八般は、剣術、柔術、居合術、槍術、棒術、弓術など、18種の武芸を指した言葉。『水滸伝』に記されるのを嚆矢とするが日本と中国、また時代によっても種類が異なり、江戸初期に武士の嗜みとされた。鎖鎌を用いた鎖鎌術もその中に含まれた。

三章　忍具の作法

隠し武器③

忍者ならではのトリッキーな武具たち

刀や槍といった武器を持てば、否が応にも目立ってしまう。そういう意味でも、忍者は隠し武器にこだわった。

鉄拳（てっけん）
握って使う、現代でいうメリケンサック。重さは約200gと比較的軽いが、素手で殴るよりも強力な一撃を与えられる。

手甲鉤（てっこうかぎ）
鋭い爪で敵に深い傷を負わせる武器。もともとは農具のひとつで、稲と稲の間に生えている雑草を刈るために使われていた。

万力鎖（まんりきぐさり）
両端に分銅がついた鎖の武器。遠心力を利用して攻撃したり、鎖を首に巻きつけて相手を締め落としたりした。

手棒
もともとは武器ではなく、稲もみを叩いて脱穀するための農具。中国拳法のヌンチャクのように振り回して使用した。

角手（かくて）
指輪のような形をした武器で輪の半分に小さな刃がついている。手の中にすっぽりと収まるため、相手の隙を突いて攻撃できる。ただし、殺傷能力は低い。

忍具の作法 その八
武器、照明、合図、通信etc. 火器があれば何でもできる！

該当する時代	室町後期	戦国前期	戦国中期	戦国後期	江戸初期

該当する目的	潜入	情報収集	暗殺	逃走	攻撃	伝達

🌀 手榴弾や火炎瓶などに似た火器で敵を攻撃！

　火や火薬の扱いに長けているというのも、忍者の特徴のひとつであり、強みのひとつである。代表的な忍術書『万川集海』でも火器について非常に多くの紙面が割かれている。

　火薬が日本に伝わったのは1543年の鉄砲伝来の時だが、伊賀・甲賀には昔から大陸からの渡来人が多かったため、一説にはそれより以前に火薬の技術が伝わったともいわれている。

　その真偽はさておき、忍者は火器を武器、照明、合図や通信など、さまざまな用途に活用した。

　照明としては、ジャイロスコープのような仕組みをもった二重の輪にロウソク台がつき、どんな方向に向けても中のロウソクの火が消えない「龕灯」の他、竹筒の中に特殊な火薬と油を入れて、雨が降る中でも使えるようにした「雨松明」などが伝わる。

　威嚇や目くらましとして使われたのが「鳥の子」。和紙を固めた直径5〜6cmほどの玉の中に火薬と発煙剤が詰められていて、導火線に着火して投げると音と煙が出る煙幕弾だ。

　武器としては、「焙烙火矢」が知られている。素焼きの陶器の中に火薬が入っていて、火をつけて投げて使う。現代でいうところの手榴弾である。中には鉄片や釘も入っていて、爆発と同時に飛び散る仕組みだ。他、地面に埋めて敵が踏み抜くと爆発する地雷のような「埋め火」、筒に火薬を詰めて火炎放射器のように使う「取火方」、ミサイルのように飛ばす「大国火矢」など、さまざまなタイプの武器が存在した。

　現代で火器といえば銃器類のことだが、じつは忍者も鉄砲を使った。とはいえ大きな銃は忍者の隠密行動の中で使えなかったため、「握り鉄砲」という手のひらに収まる大きさの小型のもの。弾は1発だけで命中精度は低く射程も短かった。

火器①

武器ではなく照明として用いたさまざまな火器

夜に活動することが多かった忍者にとって照明は欠かせない。得意の火の知識を活かしてさまざまな道具をつくった。

龕灯の仕組み
木製、または金属製の桶の中に、左右と上下に回転する2つの輪があり、そこにろうそく台がついていた。どの方向に動かしてもロウソクが安定する仕組みになっていた。

龕灯
片手で持てる持ち運びに便利な灯火具。周囲を照らす照明器具としてだけでなく、仲間に合図を送るときにも使用した。

雨松明
爆発性の火薬や勢いよく燃える油などを竹筒に入れた。火を点ければ風雨の中でも消えにくく、闇夜の任務が遂行できた。

義経松明
牛の角の内側をくり抜き、中に水銀を入れると化学反応が起こり松明になる。源義経も使用したことからこの名がついた。

火器②

戦闘力を高めた武具としての火器

武士と正面を切って戦えば多勢に無勢。忍者は間接的に攻撃できる火器を使用することで、戦闘力の差を埋めた。

大国火矢（だいこくひや）
発射台をつくり、ロケット花火のように放つ火矢。矢の中には焼夷用と推進用の火薬が詰められており、抜群の攻撃力を誇った。

夜討天文火（ようちてんもんび）
硝石や硫黄などを入れた袋を矢じりに装着した火矢。殺傷力はないが、敵の城や食糧庫、武器庫などに火を点けることができた。

大村雨（おおむらさめ）
硝石や麻布の粉などを竹筒に入れ、導火線に火を点けて射る矢。竹筒から白煙が出ることで、味方に合図を送る狼煙として使用した。

付木火（つけぎび）
硝石や硫黄を糊で練ったものを紙に塗ったもの。この紙が着火剤の役目を果たし、木などに放火すれば素早く燃やすことができる。

火器③

火や火薬に対する知識量は並ではない

忍者が取り扱った火器には殺傷力の高い爆弾もあった。敵方は逃げ出したくなるほど恐ろしかったに違いない。

握り鉄砲
射程が短く命中率も低い小型の鉄砲。しかも、込められる弾丸は1発に限られたため、近距離でしか使用できなかった。

鳥の子
鳥の子紙と呼ばれる和紙に、火薬を包んだ発煙剤。導火線に火を点けると、大きな音とともに大量の煙が出る仕組みになっている。

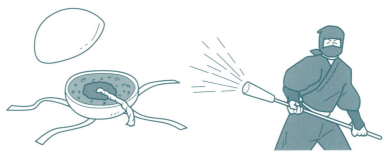

焙烙火矢
素焼きの陶器の中に火薬や鉄片、釘などが入れられた爆弾。使い方は、導火線に火を点けて敵に投げ込むというものであった。

取火方
火薬が入った竹筒に火を点け、それを手に持って敵を攻撃する火器。筒の先端は槍になっていて、敵が驚いている隙に突き刺した。

忍具の作法 その九

轟音をまき散らす銃は重用しなかった

| 該当する時代 | 室町後期 | 戦国前期 | 戦国中期 | 戦国後期 | 江戸初期 |

| 該当する目的 | 潜入 | 情報収集 | 暗殺 | 逃走 | 攻撃 | 伝達 |

❈ 銃は射程距離が短いため極限まで忍び寄っていた

　火薬の扱いに長けていた忍者だが、鉄砲に関する技術はそれほどでもなかったという見方もある。代表的な忍術書の『万川集海』には火器に関する記載は230種もあるのに対して、鉄砲はわずか4種しかない。隠密行動が基本だった忍者と轟音を出す鉄砲の相性がよくない点も、そうした考え方に説得力を持たせている。

　その一方で雑賀と根来のように、鉄砲技術に優れたことで知られる忍術流派もあった。その戦闘能力から、雑賀衆と根来衆は傭兵集団としても高く評価されていた。

　この時代の鉄砲は火縄銃であり、射程距離が短い。極限まで標的に近づくことが、射撃の名手の条件だった。接近する際は地形を利用したり、場合によっては変装したりするなどして、忍者としてのスキルが活用された。

　甲賀にも、「飛ぶ鳥をも射落とす」と讃えられた鉄砲名人の杉谷善住坊がいた（甲賀の忍者ではなく、比叡山の僧侶、または根来衆であるとされるなど、その人物像に関しては諸説ある）。善住坊は織田信長を2度狙撃したが、その弾は袖をかすめるにとどまり、暗殺には失敗している。

　甲賀流には鉄砲にまつわる秘伝書の『甲賀流砲術秘書』も残されている。ここでは鉄砲や弾の寸法、火薬の量が細かく書かれている。

　さらに甲賀流には、最初に火矢を放ち、次に手榴弾のような武器である「焙烙火矢」を投げ、続いて鉄砲を撃つという、極意「三段早打ち戦法」も伝わっている。これは甲賀流の伝統的な連続の火攻め戦法に準じたものである。

　このように忍者も鉄砲を活用した戦い方を開発していた。重要な武器として重用はしていなかったかもしれないが、決して鉄砲を軽視していたわけではないといえるだろう。

三章　忍具の作法

鉄砲

火縄銃は隠密行動にそぐわない！？

戦国時代の革命兵器だった鉄砲は、忍者にはあまり必要性がなかった。忍者は鉄砲を攻撃以外の目的で用いたという。

火縄銃
忍者が活躍した時代の鉄砲といえば火縄銃。射程距離が短く命中率も低い上、轟音まで発してしまう。素早く確実に任務を遂行することが信条の忍者にとって、鉄砲は相性の悪い武器であったのかもしれない。

忍びFILE

鉄砲の殺傷力よりも大きな音に着目

百雷銃（ひゃくらいづつ）
鉄砲はあまり扱わなかった忍者だが、百雷銃という火器は広く用いられた。火を点けると鉄砲に似た音が連続して鳴り響くため、敵が驚いている隙に逃走したという。

ロケット花火
戦闘だけでなく、忍者は通信手段としても火薬を取り扱っていた。戦のない江戸時代に入ると、培ってきた火術の知識を活かして花火師になった者もいるという。

忍具の作法 その十

水の上を歩くことができる忍者の道具は存在しなかった

| 該当する時代 ▷ | 室町後期 | 戦国前期 | 戦国中期 | 戦国後期 | 江戸初期 | 該当する目的 ▷ | 潜入 | 情報収集 | 暗殺 | 逃走 | 攻撃 | 伝達 |

✦ 水を渡るための忍者の知恵 「水蜘蛛」の本当の使い方は？

忍者は川や水路を利用して移動したり、堀を渡って城に潜入したりすることがあった。その際に泳いで濡れてしまうと、その後の任務に支障が出るし、体が冷えると体力も奪われてしまう。こうした事態を避けるために使われた忍者の技が「水術」であり、使われた道具は「水器」と呼ばれている。

よく知られている水器として「水蜘蛛」があるが、じつは水蜘蛛の使用法はいまだに判明していない。忍術書の『万川集海』には水蜘蛛の寸法や材質は書かれているが、具体的な使用法は書かれていないのだ。円形の水蜘蛛を両足の足裏にそれぞれ装着して水の上を歩くというイメージは強いが、『万川集海』に書かれたサイズだと人が乗れる浮力は得られない。水蜘蛛のサイズがもっと大きく、水蜘蛛の中央に座ってカヌーのように使用したという説もあるが、これに対しては水蜘蛛が丸い必要がないという反論が出ている。

説得力のある説としては、沼堀といわれる堀として使われた湿地を渡るために使ったというものがある。普通に歩くと足が泥に沈むが、水蜘蛛なら泥の上を歩くことができたというのだ。

水器として、他に知られているのが「甕筏」や「蒲筏」である。瓶筏は、格子状の棒に瓶をくくりつけて筏にしたもので、忍者は棒の上に立って筏を操った。蒲筏は水辺に生えた蒲を大きな束にして、そこに木板を挟んでバランスを取ったものである。忍者は蒲の束の上に座って筏を操った。瓶も蒲も手に入れやすいというメリットがあった。

ちなみに忍者たちは、ふくらませた獣の腸や瓢箪を浮き輪にして泳ぐこともあった。浮き輪といっても腰につけるのではなく、抜き手で泳ぎやすいように、たすき掛けで装着したと考えられている。映画や漫画のように水の上を歩くことはなかったようだ。

三章　忍具の作法

水器

自由自在に水上の移動を可能にする道具

目標に向かう際、難所となるのが水堀や川。濡れないようにするために、水器と呼ばれる独自の道具を使っていた。

甕筏
木か竹を紐で結って、水甕を浮力にいくつか配置した手製の筏。水甕は漬物や味噌を入れるためのもので、比較的入手しやすかった。

蒲筏
水辺に生えている蒲と木板でこしらえた筏。忍者は紐さえあれば、簡易的な筏を即席でつくることができた。

忍びFILE

水の上を歩くことはできなかった！？

漫画でおなじみの水器といえば、水の上をスイスイと歩く水蜘蛛。実在していたことは確かだが、大きさや使用法など、詳しいことはわかっていない。

忍具の作法 その十一

忍者はピッキングのプロ！どんな扉もこじ開けた

該当する時代	室町後期	戦国前期	戦国中期	戦国後期	江戸初期

該当する目的	潜入	情報収集	暗殺	逃走	攻撃	伝達

★ 堅く閉ざされた戸や扉を開いて、壊して侵入する

忍者が敵の屋敷や城に忍び込む際、当然ながら扉や雨戸は閉ざされている。それをこじ開けるための道具が「開器（壊器）」である。現代でいうところのピッキングツールだが、「壊器」と表記することからもわかるように、場合によっては扉や壁を壊して中に侵入することもあった。

代表的な開器として、まず紹介したいのが、小型のノコギリの「錏」だ。当時の日本の扉は木製なので、極端なことをいえば切って開けてしまえばいい。とはいえ大きなノコギリを持ち運ぶわけにはいかないので、忍者は小さな錏を携帯した。錏は雨戸などの隙間に差し込んで使った他、錐などで開けた小さな穴に突っ込んで穴を大きくする際にも使われた。

穴を開ける錐の仲間としては、「坪錐」がある。土壁などに先端の一方を押しあて、それを中心としてもう一方をコンパスのように回して直径20cmほどの穴を開けるのだ。

鍵を開ける開器として知られるのが「問外」だ。これは内側から閉じられている雨戸を外側から開けるための道具。当時の雨戸には鍵穴があったが、そこに差し込んで落とし錠（つっかい棒）を動かして戸を開けた。鍵穴がない場合でも、隙間などに問外を無理矢理差し込んで、開けることができたという。

閉じられた雨戸や扉の開け方としては、解体するという方法もあった。当時の釘は現代の釘とは違うため、忍者の釘抜きも現代の釘抜きとはその形状が異なる。中央に穴が空いた四角い鉄版を釘に重ね、鉄版の穴が釘の頭に引っかかるようにくいこませる。鉄版の下に棒を差し込んで、てこの原理で釘を引き抜いた。なお、鉄板と棒のセットはそれぞれ車手裏剣と棒手裏剣として使われることもあったと考えられている。

三章　忍具の作法

開器①

いくら戸締りしても忍者の前では無駄！

諜報活動が主な任務の忍者にとって、屋敷への潜入は必要不可欠。彼らは扉を開けるさまざまな道具を用意していた。

開器を使って屋敷へ潜入
屋敷の中へ忍び込むときは、開器または壊器と呼ばれる道具を使って、扉の鍵を開けたり壁に穴を開けた。

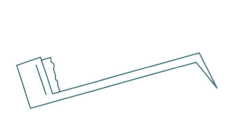

問外（といがき）
問外は雨戸を開けるための道具。内側から落とし錠がされている雨戸だが、問外を使えば百発百中で開けることができた。

くろろ鍵
土蔵の錠前を開けるためのピッキングツール。土蔵の施錠部分が扉の内側下部にあるため、このような特殊な形をしたものでなければ開けることはできなかった。

開器②

大工道具も忍者が使えば忍具となる

忍者が使っていた開器は、特殊なものではなく誰でも入手可能なものばかり。持っていても怪しまれることはなかった。

かすがい
木材と木材をつなぎ合わせるための釘。コの字の形状を利用することで、問外と同様に雨戸を開けることができた。

錐（きり）
木材に穴を開けるための工具だが、ピッキングツールとしても使えた。

忍者の釘抜き

鉄の棒と四角い鉄板というふたつのパーツがあれば、忍者はいとも簡単に釘を抜くことができた。

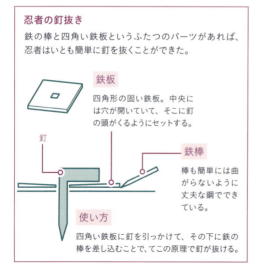

鉄板
四角形の固い鉄板。中央には穴が開いていて、そこに釘の頭がくるようにセットする。

釘

鉄棒
棒も簡単には曲がらないように丈夫な鋼でできている。

使い方
四角い鉄板に釘を引っかけて、その下に鉄の棒を差し込むことで、てこの原理で釘が抜ける。

忍びFILE

開器は武器にもなった

屋敷に潜入しようとしたところで、敵と遭遇することもある。そういうときには、開器を手裏剣の代わりとして敵に投げつけることもあった。

三章　忍具の作法

開器③

扉や壁をくりぬいてどんな屋敷もラクラク潜入

扉の鍵がうまく開けられない場合でも、壁に穴をあける道具を使って屋敷へ潜入することができた。

錏（大）
直径60cmという大きな錏。刃が丸みを帯びているため、壁に直接刃を当てることができる。

錏（小）
刃渡り12cm、持ち手部の柄は6cmという小さめの錏。大きな錏よりも音が出ないという利点がある。

錏（しころ）
持ち運びができる携帯用の両刃のノコギリを錏と呼んだ。壁が木製であれば簡単に切り抜くことができた。

錏（極小）
大きさ6cmのごく小さな錏。敵の牢に入れられたときなどの脱出用アイテムとして、懐に隠し持っていた。

坪錐（取っ手つき）
取っ手がついた坪錐は安定感があるので出る音も少ない。壁に穴を開ける坪錐は、潜入だけでなく盗み見や盗み聞きをするためにも使われた。

坪錐（つぼきり）
土壁に穴を開けるための道具。二股に分かれた金具を回転させることで、直径20cmほどの穴が開けられた。

忍具の作法
その十二

竹が一本でもあれば梯子を即座につくれた

| 該当する時代 | 室町後期 | 戦国前期 | 戦国中期 | 戦国後期 | 江戸初期 |

| 該当する目的 | 潜入 | 情報収集 | 暗殺 | 逃走 | 攻撃 | 伝達 |

梯子を組み上げて高い城壁をひそかに登る

城や屋敷に忍び込むには、高い石垣や塀を登らなければならない。そんなときに使う技術が「登術」であり、登術のためのさまざまな道具が「登器」である。

現代の我々が塀を乗り越える必要があるときには梯子を使用するが、高所に登れるような大きな梯子は人目につき隠密行動をする忍者には向いていない。したがって、忍者が使用する梯子には独自の工夫が施されていた。

「結梯」は2本の竹に横木を取りつけたもので、潜入施設まで材料を持っていき、梯子が必要となる場所で即座に組み立てた。2本の竹の間隔は6〜8寸（18〜24cm）程度で、当然横木の長さもそれに準ずる。運ぶときも目立たなかった。また、竹の端が布でくるんであって、壁に立てかけたときに音がしないという特徴もあった。

竹が1本しか調達できないときは、竹1本に横木を取りつけた「飛梯」をつくった。より高所に登るときは、結梯の先に飛梯をつけた「雲梯」が活躍。竹がないときには、縄に横木をつけた「巻梯」を使った。

屋敷の塀などは、刀を使って越えることもあった。刀の鞘についた紐（下緒）を口にくわえた状態で、塀に立てかけた刀を足場にして塀の上に上がり、紐を手繰り寄せて刀を回収。この登術は「吊り刀」と呼ばれた。

道具を使わずに、フリークライミングのようにして登ることもあったので、忍者は登術のための厳しい訓練を課していた。「虎之爪」は砂や砂利を入れた器に指先を突き入れる鍛錬方法で、こうやって指先を鍛えた忍者は指だけで米一俵（重さは約60kg）を持ち上げられるようになった。その指の力だけで自分を支えられるように、忍者は体重が60kgを超えないように節制していたともいわれる。

三章　忍具の作法

登器

その場にある竹と木で城壁を登る

屋敷の塀や屋根、城壁に崖など、さまざまな場所に登るのが忍者の役目。登器は欠かすことのできないアイテムだった。

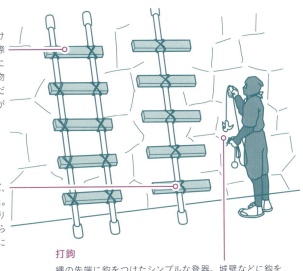

結梯 (むすびばしご)
2本の竹に横木を取りつけた即席の梯。持ち運ぶ際は2本の竹と横木を別々にした。周囲からすると、物干し竿と薪を持っているだけに見えるので、違和感がなかった。

飛梯 (とびばしご)
1本の竹と横木があれば、飛梯という梯がつくれた。結梯よりも横木をしっかりと紐で固定しなければならないが、登器として十分に機能した。

打鉤 (うちかぎ)
縄の先端に鉤をつけたシンプルな登器。城壁などに鉤を引っかけて使用する。梯とは違って腕力が必要となるので、使えるようになるまでには修行が不可欠である。

忍び杖 (しのびつえ)
杖に無数の穴をあけ、そこに縄を取りつけることで簡易的な登器になった。ちなみに、登ることができる高さはせいぜい3mだった。

鎌槍 (かまやり)
忍び刀の「吊り刀」(P82)と同じように鎌槍を塀に立てかけ、鎌の部分に足をかけて登ることができた。もちろん、武器としても使用することが可能。

五寸釘 (ごすんくぎ)
梯をつくる素材が見つからないときは、五寸釘を使った。城壁や石垣などの隙間に五寸釘を突き刺すことで登器の代わりにしたのである。

忍具の作法 その十三

苦無は武器ではなく穴堀りをするための道具

該当する時代 ▷ 室町後期 | 戦国前期 | 戦国中期 | 戦国後期 | 江戸初期

該当する目的 ▷ 潜入 | 情報収集 | 暗殺 | 逃走 | **攻撃** | 伝達

🌀 さまざまな使い方ができる万能道具だから"苦労が無い"

　一説には「苦労が無い＝苦が無い」がその名前の由来ともいわれる、「苦無」。現代のサバイバルナイフのようにさまざまな使い方ができたため、その万能性から「使えば苦労が無い」と重宝されていたようだ。

　大きさが8〜40cmとさまざまだった苦無には、2種類の形があった。ひとつは縄をつける輪があり、先端が尖った「飛び苦無」。漫画などで描かれる苦無はこちらが多いようだが、もうひとつのヘラや三味線のバチのような形のほうが通常型である。

　<u>フィクションでは武器として使われている苦無だが、本来は武器ではなく穴掘りなどに使ったり、楔として使用したりした道具であり、忍者はさまざまな場面でその恩恵に預かっていた。</u>

　飛び苦無は、堀を渡る際に使われたとする説がある。持ち手側の輪に縄をつけて堀の向かい側などに投げて、壁に突き刺すことで縄を渡し、それを伝って向こう側に移動するのに使った。

　これが飛び苦無という名前の由来だが、人力で投げて刺さった程度で人の体重を支えられるとは考えにくい。実際には、苦無を手で持って壁に突き立てたあとに、苦無に結んだ縄を下に垂らしてあとに続く仲間を助けるという、現在の登山用具のハーケンのような使い方をしたのだろう。

　通常型は地面を掘り返すときなどに使用した（飛び苦無も硬い地面を掘る際に使われた）。武器でないと先述したが、その証拠に通常型の苦無の先端に刃はついていない。だが、第一次世界大戦と第二次世界大戦でシャベルが白兵戦における武器として活用されたように、<u>状況によっては忍者も苦無を武器として使用したことだろう。</u>その際には、単純に投げるのではなく、縄をくくりつけて振り回して使ったと考えられている。

三章　忍具の作法

苦無

多彩な用途を持つ忍者のサバイバルナイフ

尖った先端から武器のようにも見える苦無だが、あくまで忍者の便利グッズ。穴掘りや登山用具として使われていた。

苦無の使用法①
両手に持った苦無で、登山用具のハーケンの要領で城壁を登る。苦無に縄をつけて後続の仲間を手助けすることもあった。

苦無の使用法②
縄をつけた苦無を木に投げて、木の上に登ることもあった。また、穴を掘るシャベルにもなるなど、苦無には多彩な用途があった。

通常型

さまざまな用途に使える
先がとがっているものや、取っ手のついた湾曲したものがある。扉を止める楔の他、木を削ったり地面に穴を掘ったりした。

飛び苦無

縄をつけるための輪が備わっていた
固い地面を掘り起こしたり、楔として地面や壁に打ち込んだり、壁に穴を開けるための開器としても使用された。

忍具の作法 その十四

盗み聞きをするときは竹製の筒を使っていた

| 該当する時代 | 室町後期 | 戦国前期 | 戦国中期 | 戦国後期 | 江戸初期 | | 該当する目的 | 潜入 | 情報収集 | 暗殺 | 逃走 | 攻撃 | 伝達 |

✤ 修行で鍛えた聴力と独自の集音器で会話を盗み聞き

　天井裏や床下に潜んだ忍者が、部屋での中の密談を盗み聞きする。そんなシーンを時代劇で見たことがあるのではないだろうか。

　忍者はこういったときに備えて、聴力を高める修行「小音聞き」を行っていた（※P33）。その内容はシンプルで、砥石や板に針を落とし、その音を聞き取るというもの。次第に距離を離して針の数も増やし、何本落としたかまで聞き取れるように耳を鍛えた。

　声をよりはっきりと聞き取るため、「忍び筒」という集音器も利用した。竹製の筒の一方を天井板や床板、壁、扉に当て、反対側に耳を当てて音を聞いたのだ。

　時代が下ると、真鍮でつくられて伸び縮みする「聞き筒」も使われた。大きさは真鍮の厚さ約3mm、直径約3cm、長さ3～6cm。竹の忍び筒より

も、金属の聞き筒のほうが音が内部で反響するため、小声でも聞き取りやすかったという。

　また、忍び筒には盗聴以外にも利用法もあった。忍者が天井裏や床下に潜入している際、ほこりなどでせきやくしゃみが出てしまうのは命取り。そんなときは筒を地面などに押し当て、その中に向かってせきやくしゃみをした。こうすることで音漏れを防ぎ、敵に気づかれないようにした。

　ちなみに屋敷の中を探る際は、人々が寝ていなければならない。そのため本当に屋敷の住人が熟睡しているかどうかを、忍者は寝息を聞いて確かめた。そんなときに忍び筒や聞き筒が役立ったのはいうまでもない。なお、こうした事情から忍術書の『万川集海』にも『正忍記』にも睡眠についての記述がある他、専門の忍術書「四季弁眠大概」では睡眠について書かれた四季による睡眠状態の違いについて解説している。

三章　忍具の作法

忍び筒

情報を入手するための盗聴テクニック

敵の情報を盗み出すのは忍者の重要な任務。ひそひそ声で話す密談でも聞こえるように、さまざまな策を講じていた。

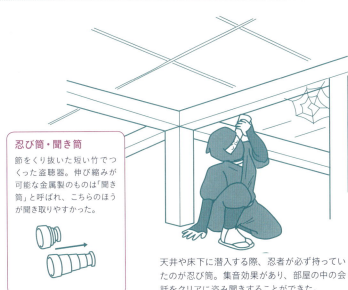

忍び筒・聞き筒
節をくり抜いた短い竹でつくった盗聴器。伸び縮みが可能な金属製のものは「聞き筒」と呼ばれ、こちらのほうが聞き取りやすかった。

天井や床下に潜入する際、忍者が必ず持っていたのが忍び筒。集音効果があり、部屋の中の会話をクリアに盗み聞きすることができた。

耳のトレーニング
聴力を向上させるために、耳の裏側を指で押すトレーニングを施した。また、耳を引っ張ったり叩いて、マッサージをよくした。

忍びFILE

いびきや寝息で睡眠の深さを確かめた

忍者は家人のいびきや寝言、寝返りなどの様子を見て睡眠の深さを見定めたという。忍術書には『人は寝入れば息が整わず、起きている場合は息が整う。また、寝入ってからは2時間ごとに目を覚ます』という記述がある。これは睡眠サイクルである「レム睡眠」と「ノンレム睡眠」の特徴と一致している。忍者は現代医学が証明する前からこの違いを経験的に知っていたようだ。

忍具の作法 その十五

薬にも毒にも精通──忍者は戦国時代の薬剤師

| 該当する時代 | 室町後期 | 戦国前期 | 戦国中期 | 戦国後期 | 江戸初期 |

| 該当する目的 | 潜入 | 情報収集 | 暗殺 | 逃走 | 攻撃 | 伝達 |

耳を疑うほどの珍妙な秘薬が目白押し!

　山中で修行することも多かった忍者は、野草や薬草に詳しかった。その知識を活かして、さまざまな秘薬・毒薬をつくり出していたことが知られている。

　また、服部半蔵家の秘伝書『忍秘伝』には、心身安定と疲労回復の効果がある「仙方妙薬」が紹介されている。材料は黒大豆と麻の実だが、一度飲めば7日間は何も食べなくて済むという。信じがたい効能だが、麻の実は大麻の種。「麻の実」というのは暗号で、実際は乾燥大麻を使っていたのかもしれない。

　忍術の一派である楠木流の秘伝書『正忍記』には腹痛止めのための「虫薬」という特効薬が紹介されている。これは「黄柏」という薬で、山地に生えるキハダという木の樹皮が、その原料である。

　毒薬としては、『万川集海』で紹介されている「まちん」が広く使われた。馬銭子という木の種子からつくったもので、忍び込む屋敷に番犬がいる場合、焼き飯と混ぜて食べさせたという。焼き飯に混ぜるのは、そのとてつもない苦さを味をごまかすためである。

　『万川集海』には相手の精神に影響を与える「阿呆薬」も掲載されている。阿呆薬は乾燥大麻で、お茶に混ぜて相手に飲ませた。

　薬以外では小型の非常食もつくった。甲州流の忍術の秘伝書『老談集』には、もち米、山芋、氷砂糖、桂心(血行をよくする樹皮)などを混ぜた「兵糧丸」が載っている。30粒で1日分のカロリーが摂取できたという。『万川集海』にも緊急時の携帯食として「飢渇丸」が紹介されている。朝鮮人参、そば粉、酒などを混ぜたもので、一日3粒で3食の代わりになったされる他に、不足の際の「水渇丸」も紹介されている。これは梅干などが材料で、唾液を分泌させて一時的に喉の乾きを忘れさせるものだった。

三章　忍具の作法

忍薬①

忍者は薬も毒薬もつくり出せた

忍者が薬売りに扮装することが多かったのは、野草に関する豊富な知識があり、薬を調合することができたからである。

忍者は野草のプロ
山中での修行を通じて野草の知識が自然と身についていた忍者は、薬や毒薬をつくり出すことができた。伊賀と甲賀の忍者が住む一帯は、他の地域よりも薬草や毒草が多く生えていたため、特に薬づくりに詳しかった。

忍者が使った主な薬草・毒草

ドクダミ
鎮痛や解毒に効果がある薬草。全国各地に自生していて、乾燥させて服用したり生のまま口にしたりした。

トリカブト
日本三大有毒植物のひとつといわれる毒草。食べると嘔吐、呼吸困難、臓器不全などを起こし、死に至る場合がある。

センブリ
もっとも苦いとされる日本固有の生薬で、漢方薬ではない。飲めば下痢や腹痛がおさまるといわれている。

ニッケイ
クスノキ科に分類される、一年中緑の葉が生い茂る常緑樹。煎じて飲めば鎮痛効果があるとされている。

ケシ
麻薬であるアヘンの原料。モルヒネをはじめとするアルカロイドという成分が、依存症や禁断症状を引き起こす。

忍薬② 忍者は毒を盛ることさえもいとわない

忍びのような陰の存在にとって、人目につく真っ向勝負は避けたいもの。そこで、人知れず敵方に毒薬を盛ることもあった。

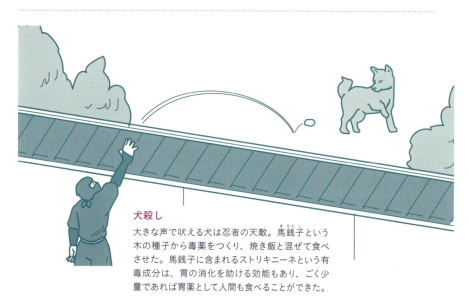

犬殺し
大きな声で吠える犬は忍者の天敵。馬銭子という木の種子から毒薬をつくり、焼き飯と混ぜて食べさせた。馬銭子に含まれるストリキニーネという有毒成分は、胃の消化を助ける効能もあり、ごく少量であれば胃薬として人間も食べることができた。

阿呆薬
飲むと阿呆になってしまう薬。中身は乾燥大麻で、薄いお茶に混ぜて飲ませた。妄想や幻影、幻覚などに苛まれる相手をうまく誘導し、忍者は情報を引き出した。

目潰し
野草ではなく、マメハンミョウという毒虫をすり潰した粉を相手の顔面にかけた。また、唐辛子や硫黄をすり潰した粉を使ったという説もある。

三章　忍具の作法

忍薬③

現代でも語り継がれる忍者の毒薬

科学が発達した現代では忍薬の効能は疑わしいものばかり。
だが、信憑性の高いものも数多く語り継がれている。

あり得ない薬効の真実は？
さまざまな忍術書には一度飲めば7日間食事がいらない仙方妙薬や、イモリとモグラとヘビの血でつくる眠り薬など、あり得ない薬効をうたう記述が残っている。それらの記述は中国の仙術書を模倣したといわれている。

色分けした包み紙
薬と毒薬が同じ色の包み紙だと間違えてしまう可能性がある。包む紙を色分けすることで、取り違えを防止した。

宿茶の毒
濃く淹れた玉露を1カ月放置したものを毎日2〜3滴ずつ飲ませると、70日ほどで病気になって死に至るという。

座枯らし
青梅から抽出した毒薬。青梅に含まれる青酸は、人間の体内に入ると呼吸困難やめまいを引き起こす。

> **Column**
>
> **薬の知識を与えたのは中国からの移民か!?**
>
> 忍者の薬や毒薬に関する深い造詣は、いくら野草がたくさん採れる山中での修行が多かったとはいえ、簡単に得られるものではない。伊賀や甲賀には、中国大陸から渡来した人々が古くから住みついていた。彼らの漢方薬の知識が忍者に伝わったとする説がある。

column ③

身体能力の高さだけでなく
頭のよさも申し分なし！

高い識字率を誇った伊賀と甲賀の民

　江戸時代の日本人の識字率が高いのは寺子屋の存在に負うところが大きいが、忍者が活躍した室町時代から戦国時代の識字率はどうだったのだろう？　宣教師フランシスコ・ザビエルによれば、日本人の男女はほとんどの者が読み書きできたという。中でも近江（現在の滋賀県）の識字率はとりわけ高かった。京都や奈良に近く寺社が多い近江では読経の機会が多く、能楽や神楽、琵琶法師による『平家物語』語りなどの諸芸が上演され、庶民が演芸に触れることで知識を身につけ、文字を覚えた。伊賀・甲賀者など忍びの者もその地域から出てきただけに、知的水準はかなり高かったものと思われる。情報活動を行う忍者は、当然ながら読み書きは必須。知的でなければ務まらなかったのだ。

四章

仕事の作法

歴史の裏舞台で活躍した忍者たち。彼らは現場で忍術をどのように使い、どうやって任務を遂行したのか。また、戦国大名は戦時中忍者をどのように使っていたのか──本章ではそうした知られざる忍者の働きぶりを明らかにしていく。

仕事の作法 その一

破壊工作から暗殺まで 裏稼業を何でもこなした

| 該当する時代 | 室町後期 | 戦国前期 | 戦国中期 | 戦国後期 | 江戸初期 |

| 該当する目的 | 潜入 | 情報収集 | 謀略 | 暗殺 | 攻撃 | 伝達 |

影の技能集団として乱世の時代に暗躍した忍者

　戦国時代、大名や諸勢力は家臣団とは別に、特殊技能を駆使して暗躍する影の技能集団を抱えていた。忍者と呼ばれる彼らが得意としたのは主に諜報活動、謀略、暗殺、ゲリラ戦。このうち、諜報活動こそ彼らの真骨頂とされ、そのための多くの技術、専用道具などが開発された。忍者が戦国時代のスパイと称される所以である。

　敵の本拠地に潜入してその地の人々や風土を知り、政治的・経済的な状況を把握。あわせて軍事力や兵糧の備蓄など、いざ戦になったときに必要な情報も、できる限り収集する。それが忍者の基本的な務めだった。より貴重な情報に触れるため、ときには敵地に何年も住み暮らすケースもあったという。彼らは城や屋敷といった拠点に忍び込むにあたり、使用人になりすましたり、出入りの商人に変装したりすることもあった。そうして得た情報を確実に持ち帰る。それこそが諜報活動全般を通じてもっとも重要な仕事だった。

　暗殺などの汚れ仕事や、戦場での攪乱といった謀略も忍者の得意とするところ。暗殺を行うには実際の行為以前の段取りや、護衛の配置など警護体制にも通じていなければならない。いかにして相手の警護の目を盗んでターゲットに接近し、目的を果たして現場を離脱するか。その一連の流れを構想できるものは、転じて優秀なガードマンにもなれる。相手がどう来るか予測できるからだ。そこで要人警護もまた、忍者の重要な役目となった。

　敵陣に潜入して嘘の情報を流したり、拠点に火を放ったりして敵を混乱に陥れる──攪乱を目的とした特殊工作もまた、忍者の任務のうちであった。戦は戦場だけで完結するものではない。戦国乱世の裏側では、忍者たちによる静かな闘争が繰り広げられていたのである。

四章　仕事の作法

任務

忍者の主な４つの役割

裏工作のプロフェッショナルとして活躍した忍者。彼らの仕事は主に４つの役割があった。

情報収集
忍者のもっとも重要な任務は敵の情報を知ること。変装して城や屋敷に潜入したり、敵国に暮らしながら現地の情報を集めたりした。

防諜（ぼうちょう）
自国の情報を守るため敵国の忍者を暗殺し、裏切り者を見つけ出し監視した。重要人物を警護する忍者もいた。

謀略
嘘の情報を流し敵国を混乱させ、敵国を内部から崩壊させていく。敵国で味方をつくり、偽の裏切り者を送り込んだ。

不正規戦
足止めや焼き討ちなどの「ゲリラ戦」を指す。落とし穴をつくったり、敵国の兵糧や建物に火を放つ破壊工作をした。

仕事の作法 その二

忍者の雇用形態は正規雇用と派遣の2種類

該当する時代 ▷ 室町後期 / 戦国前期 / 戦国中期 / 戦国後期 / 江戸初期

該当する目的 ▷ 潜入 / 情報収集 / 謀略 / 暗殺 / 攻撃 / 伝達

情報戦を有利に展開するため群雄は積極的に忍者を用いた

天下統一を夢見て、群雄がしのぎを削っていた戦国時代。各地の大名たちは富国強兵を掲げるかたわら、情報戦にもかなりの重きを置いていた。その主役となったのが忍者である。

武士が戦場を駆けめぐって脚光を浴びる日向の存在なら、忍者は日の当たらぬ場所で生きる影の存在。任務の失敗は死を意味し、さりとて成功したところで名が残るわけでもない。それでも情報が勝敗のカギを握る戦国時代において、諜報活動を得意とした彼ら忍者集団の価値は高かった。

戦国大名たちが、そんな忍者の価値を認識するに至ったのは、室町時代の鈎の陣がきっかけとされている。長享元年（1487年）、将軍・足利義尚が近江国の守護・六角高頼討伐の兵を挙げた際、山中に逃げた高頼が甲賀衆と伊賀衆を用いてゲリラ戦を展開。将軍方をさんざんに苦しめ、これを機に忍者の働きぶりが広く知られるようになった。その後甲賀と伊賀の忍者たちは、忍び部隊として派遣社員のように各地の大名に召し抱えられていく。

一方で、忍び集団を自らつくり、子飼いにしていた武将たちもいた。織田信長の饗談、武田信玄の三ツ者、上杉謙信の伏嗅、伊達政宗の黒脛巾組などが代表的だ。

ちなみに忍者という統一された呼称は後年に生まれたもので、江戸期以前はこれら忍者集団ごとに違う呼び名であった。

情報戦を制するため、ゲリラ活動を行う特殊部隊として、このように戦国大名たちは当たり前のように忍者たちを抱えていた。忍者を的確に用いることこそ、群雄割拠を勝ち抜く有効な手段だったのである。もしもこの時代に忍者が存在しなかったら、日本の歴史はまったく違うものになっていたといっても過言ではない。

四章　仕事の作法

忍者のリクルートメント

全国各地にいた忍者の雇用システム

忍者の雇用システムは主にふたつ。戦力として各地へ派遣される忍者と、独自の軍団で養成された忍者たちがいた。

派遣社員の忍者たち

鈎の陣や、第一次天正伊賀の乱で活躍した伊賀・甲賀者は、各地の戦国大名のもとへ派遣されていった。

大名

真田忍者のトップ　証跡

出浦昌相（いでうらまさすけ）
（1546年～1623年）

武田軍の忍者（三ツ者）として活躍していた出浦は、武田軍の滅亡後、真田家の家臣となり、真田忍者をまとめる頭領となった。当時信州周辺には1,000人もの忍者がいたとされ、そのトップとして忍者の育成に力を入れた。

忍者軍団の形成

武田信玄、上杉謙信や伊達政宗などが用いた忍者は、独自に教育し組織された忍者集団だった。

党の長

仕事の作法 その三
殺人すらも正義と捉えた忍者の精神鍛錬法

該当する時代	室町後期	戦国前期	戦国中期	戦国後期	江戸初期

該当する目的	潜入	情報収集	謀略	暗殺	攻撃	伝達

私利私欲を捨てた「正心（せいしん）」は忍者にとって必須の心構え

江戸時代にまとめられた代表的な忍術書『万川集海（ばんせんしゅうかい）』は、忍者の大切な心構えである「正心」について詳しく語っている。正心は文字通り、正しい心のことだが、これは現代でいう善良さを示したものではない。

忍者は任務の中で、当たり前のように人を騙したり人のものを盗んだりする。また、時には放火や殺人に手を染めることもある。いずれも現在はもちろん、当時の道徳観念に照らしても立派な犯罪行為だ。かといって、後ろめたさや迷いが生じてしまっては、任務をまっとうすることはできない。少なからず心のコントロールが必要になってくる。そこで必要とされるのが正心である。

『万川集海』は中国の思想家である孔子の言葉を引いた上で、忍者にとっての覚悟を迫る。

「その本乱れて末治まる者はあらず」。物事には必ずはじまり「本」と終わり「末」があり、自分の身が乱れては、家や天下が治まることはないというのが、この言葉の意味するところ。儒教書『大学（だいがく）』の中にもある一節だ。

忍者の生き方に照らせば、正心こそが「本」。末は謀略や暗殺などの工作である。つまり、心の乱れがあっては任務を果たすことができないといっているのである。そのために、仁義忠信（じんぎちゅうしん）の精神を忘れてはならないとも説く。

私利私欲を捨て、忠誠を誓った主君の言葉に従うこと。「自分は罪深いことをしているのではないだろうか」といった迷いは捨て、信念を持って行動すること。そうすれば結果だってついてくる。つまり正心とは、忍者が任務を遂行する際に生じる迷いを取り去るための、自己正当化のための教えなのだ。国のため、仕える主君のために用いる限りにおいて、忍術は犯罪にはならないという方便なのである。

四章　仕事の作法

忍びの精神

忍術を悪用してはいけない！

忍術を盗みの手段にさせないため、さまざまな掟を強いた。犯罪的な任務が多い忍者だが、意外にもこれらは遵守された。

起請文を書く
忍びが忍術を伝授される際、たとえ親子兄弟であっても忍術を教えてはならないという契約書を書いた。

仁義忠信
忍者は私欲を捨て主君に奉仕した。自分が犠牲になってでも任務をまっとうし、絶対的な忠誠を誓った。

不動心
酒、女、お金などの欲に負け、任務を失敗するケースは多かったという。禁欲的な生活を心掛け、また命が危険な状況でも動じない精神「不動心」が必要とされた。

忍びFILE

忍術の三病（さんびょう）

恐れ・侮り・考えすぎが忍術の三病とされる。任務中、敵を恐れて緊張したり、敵を軽んじて危険な目に合ったり、考えすぎることで迷いが生じて任務に失敗することがあったのだった。

10の条件を満たした者だけが最高クラスの忍者になれる

仕事の作法 その四

| 該当する時代 | 室町後期 | 戦国前期 | 戦国中期 | 戦国後期 | 江戸初期 |

| 該当する目的 | 潜入 | 情報収集 | 謀略 | 暗殺 | 攻撃 | 伝達 |

10の条件をクリアした者が晴れて上忍と呼ばれる

フィクションなどで描かれる上忍・中忍・下忍といった身分の階級制度は実際には存在しなかった。彼らは単純にスキルによって区別されていたのである。伊賀・甲賀に伝わる忍術すべての集大成『万川集海』は、忍者の心構えとして次の10の条件を挙げているが、上忍とはこのすべてを満たす者のこと。いわば忍者の理想型ともいえる存在を指している。

①忠勇謀功信の五つを兼ね備え、心身も健康な者。

②ふだん穏やかで義理に厚く、欲が少なく、理学を好んで、行いが正しく、人の恩を忘れない者。

③話術に優れて智謀に長け、人に欺かれることを大いに嫌う者。

④自らの天命を知って儒教や仏教の道理を学び、死と生が天命によることをわきまえ、欲を捨て去ることを常日頃から学んでいる者。

⑤武士の規範を好んで学び、武士の忠義を重んじて主君の代わりに死ぬことができる者。あるいは智謀で知られる内外の人物の行動に通じ、軍術や兵学に関心があって、英雄の気質を備えた者。

⑥他人との争論を好まず、柔和ではあるが威厳があり、義理に厚く、表裏のない人物であること。

⑦妻子、親族等がみな正しい心を持ち、裏切る可能性のない者。

⑧諸国をめぐって各地の人情や気候風土によく通じている者。

⑨忍術をよく学び、謀計に敏感で、文才があり、忍術に熟達していて軍事に対して高い志を持つ者。

⑩軍術のみならず、諸芸に通じていて、詩文や謡、舞、小唄、拍子、物真似などの遊芸に至るまで臨機応変に使うことができる者。

以上に加え、人に名を知られていない者でなければならなかった。

四章 仕事の作法

> 理想の忍者

有能すぎる上忍のスキル

上忍になるためには、あらゆる能力が必要とされた。これらすべてを兼ね備えている忍者は少なかったという。

コミュニケーション力
会話がうまく説得力があり、知謀に長け、人に欺かれることを嫌う人。「五情五欲の理」(P41)を使いながら相手と会話した。

健康
忠・勇・謀・功・信の5つを兼ね備え、心身ともに健康な人。各地を歩き回ることのできる体力が必要とされる。

遊芸
詩文や舞、物真似などあらゆる芸を臨機応変にできる人。姿だけ変装しても芸ができなければ意味がない。各種芸能を身につけておく必要がある。

勉学
学問を好み、忍術や武士の規範をよく学び、兵法の高い志がある人。儒学の書、軍書などを数多く読み、何事も広く学び知識を身につけた。

旅
諸国をよく旅していて、各地の気候や人、風土を知っている人。各地からさまざまな情報を収集し、何らかの事柄が起きる予兆を発見し、その対応を探った。

仕事の作法 その五

道に迷ったときは馬の後ろをついて歩いた

該当する時代	室町後期	戦国前期	戦国中期	戦国後期	江戸初期

該当する目的	潜入	情報収集	謀略	暗殺	攻撃	伝達

困難な雪山を行くときは馬の背中から目を離すな

　山の天気は変わりやすい。特に冬山ともなると、突然の吹雪に見舞われることもある。視界はゼロ、足下もおぼつかなくなって、遭難の危険とつねに隣り合わせの山行となる。

　任務のため、忍者が仕方なく冬山に足を踏み入れるときは、山をよく知る案内人や地形を知る馬の背中から目を離さないようにする。雪が降れば道はすぐにわからなくなる。そんなときは杖を地に突き立て、その感触で道の有無を確認した。それさえ難しいようなら、雪山を歩き慣れた老馬に道行きを預けた。

　山は斜面も危険である。谷から吹き上げてくる風が非常に強いからだ。冬は特に雪に覆われているため、滑落の危険も増す。実際、『正忍記(しょうにんき)』でも雪山を歩くときは斜面は避け、「山の腰(尾根)を通るべし」と注意を促している。

　山で用意してあった水がなくなった場合は、忍者は自らの経験知に頼って水を探した。そのとき目安としたのが、アリやオケラの穴があるところや、谷間にオモダカやカキツバタなどが群生している場所である。カラスの羽根を地面に突き立てたり、洞窟の地面に手ぬぐいを置いたりし、その濡れ具合から水源の有無を推測することもあった。他、時間も労力もかかるが、山肌を１ｍほど掘り、地面に耳をあてて水音を探ることもした。

　人の通う場所であれば、寺や神社であったり、無人の小屋などを借りたりして一夜を明かすこともあったが、山間ともなればそうもいかない。野営の場合、忍者は木々の間に刀の下緒（P80）を渡し、羽織などを引っかけた簡易テントをつくって夜露を防いだのだ。また、不意の敵や獣の襲撃によって致命傷を受けないよう、休むときは心臓のある左半身を下側にして横たわった。こうした野営法を野臥(のぶせり)の法という。

四章　仕事の作法

サバイバル術①

火術や忍具を有効活用した忍者の野営術

当時の山や野には危険な獣が多かった。忍者はたき火を一晩中焚いたり心臓を下にして眠ったりするなどの対策をした。

野営術

テント
着ている羽織を刀の下げ緒の紐にかけて陣を張り、夜露や雨風をしのいだ。

たき火
夜は獣に襲われないようにするため、火を絶やさなかった。

下緒
木と木の間に刀の下緒を結んで簡易テントをつくった。

地ごたつ
寒い夜はたき火の熱であたたまった地面の上で寝た。寝るときは、心臓を下にして横になり、獣や敵に襲われても致命傷を負わないようにした。

POINT
たき火の下でお米を炊いた
水に浸した米を手ぬぐいで包んで地面に埋め、その上でたき火をすると熱でご飯を炊くことができた。

Column
忍者でも野宿は疲れる
忍者といえど、野山で野宿を続けていると体力を消耗する。無人の寺や神社、小屋や床下など安全なところを探して寝泊まりした。また竹を屋根にして秘密基地をつくり夜露をしのぐこともあった。

サバイバル術②
動物や地形を見て山や雪山でも迷わない

山や雪山は人通りが少なく、遭難する危険性がある。忍者は動物や地形の様子を観察して安全な道を見極めた。

草を結ぶ
草を結んで、任務帰りに道に迷わないよう目印にした。

動物の様子を確認
鳥や獣が人に慣れているかどうかを確かめる。ひどく恐れる場合は人通りが少ない。

馬の行く道を歩く
大雪が降って道がわからない場合、土地の馬を先導させて歩いた。馬は道を知っているため地形の悪い所を避けて歩くことができる。

尾根を歩く
山の斜面は風が強く、道が崩れてしまう危険性がある。対して尾根は広くて安全で、見晴らしもよい。

> **忍びFILE**
>
> ### 忍者のカイロ「胴の火」
>
> 忍者は暖を取るために「胴の火」というカイロを携帯していた。長さ15cm程の銅板の筒の中に、布・土・植物の燃料を入れ、使う時はフタから火をつけた。火薬の種類によって火もちが変わり、犬蓼という植物の黒焼きは半日もったという。
>
>

四章　仕事の作法

サバイバル術③

忍者は水のありかを知っていた？

水がないと人は生きていけない。忍者は水がどういうところにあるか地形を見て判断し、道具を使って飲み水をつくった。

水の探し方

忍者は穴を掘ったり手ぬぐいなどを使って水のありかを探した。また虫や植物を観察して水場の特徴の有無も確認した。

穴を掘る
山肌を1m掘って地面に耳をあて、音を感じれば地下水や近くに水源があると判断した。

水辺に生息する植物が生えているところを掘る
低地にカキツバタやアシなどの水辺の植物が生えているところを掘ると水がある。

忍びFILE

三尺手ぬぐいを使って水をつくる

三尺手ぬぐいは忍び六具のひとつだが、水をろ過するのにも用いた。この手ぬぐいは蘇芳（すおう）という植物を染料としていて殺菌作用が含まれている。雨が降って濁ってしまった川や他国の水を飲むときに、水をこして水あたりを防いだのだ。

洞窟の山肌に手ぬぐいを置く
洞窟の山肌に手ぬぐいを置き、次の日濡れて重くなっていた場合、近くに水源がある。

仕事の作法 その六 　人相や態度で本心を見抜く忍者の高度な分析力

該当する時代	室町後期	戦国前期	戦国中期	戦国後期	江戸初期

該当する目的	潜入	**情報収集**	謀略	暗殺	攻撃	伝達

察人術では人相や表情から相手の人となりを推測する

　情報の多くは人とのやり取りから得るもの。したがって人を見る目を磨くことは、忍者にとって必須の心構えといえる。察人術は、そのための技術だ。

　相手の姿勢や行動、話し方や声の質、顔色や態度の変化などに注目。ポイントは、心静かに観察すること。それから人相の分析に取り掛かる。江戸期に書かれた著名な忍術書『正忍記』は、人相学に関する以上の基本姿勢を踏まえた上で、顔のそれぞれのパーツから、その人物像を述べている。

①顔　丸くて縦に短い顔は裕福で高位。つむじがうなじあたりまで下がっているのは疑い深い。

②眉　引くように長い眉は智恵がある。一文字眉は主君に忠実。下がり眉は心が弱い。

③目　切れ長で深く、潤い光っている目は貴人の相。目を伏せているのは不忠で、盗みをする。

④鼻　上品で大きな鼻は富貴で長寿。鼻の下が長いのも吉。

⑤口　大きくて安定感がある口は貴人の相で長寿。唇が厚いのは裕福。

　以上はあくまで、おおまかな特徴から読み解いた傾向に過ぎない。人好きのする顔立ちの人は、好意を受け慣れているので自然に穏やかな精神状態になる。結果としてさらなる好意を集めて、金銭的にもステータス面でも恵まれやすい。そうした一般的なイメージを語ったものである。ただし、人相で判断するのは絶対ではないと当の忍術書にも書いてある。

　察人術では、表情の変化や挙動も観察対象となる。たとえば、こちらの目をまっすぐに見られないのは後ろめたいから。相手は嘘をついているに違いない。というように観察から推測へとつなげていくわけだ。ちなみに忍者はこの行動を逆手に取り、嘘をつくときほど相手の目をまっすぐ見たという。

察人術

人の顔つきや表情を読み取る

頭、目、鼻、口など顔の部位の位置で性格を診断し、目安として活用した。また相手の態度から心理を読み取った。

人相

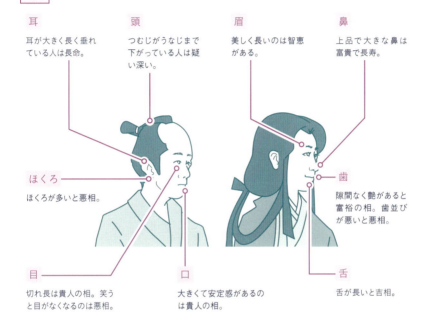

耳
耳が大きく長く垂れている人は長命。

頭
つむじがうなじまで下がっている人は疑い深い。

眉
美しく長いのは智恵がある。

鼻
上品で大きな鼻は富貴で長寿。

ほくろ
ほくろが多いと悪相。

歯
隙間なく艶があると富裕の相。歯並びが悪いと悪相。

目
切れ長は貴人の相。笑うと目がなくなるのは悪相。

口
大きくて安定感があるのは貴人の相。

舌
舌が長いと吉相。

心相

しぐさや表情の変化を観察して、相手の心を読み取った。目、声、話し方に注意して、特に目の場合、目をそらしたり、目が大きくなるときは嘘をついている可能性が高い。

POINT

忍者が嘘をつく場合

目をそらさず、相手の目をまっすぐ見た。他に鼻の頭を見るといった手段もあった。

仕事の作法 その七
交友関係や家族構成まで敵の情報を細かく調べ上げた

| 該当する時代 | 室町後期 | 戦国前期 | 戦国中期 | 戦国後期 | 江戸初期 | 該当する目的 | 潜入 | 情報収集 | 謀略 | 暗殺 | 攻撃 | 伝達 |

戦を前にした緊急時でも最低限の情報は仕入れておく

　他国に潜入する際、忍者は怪しまれないよう変装をするのがつねである。始計術はそのための術。謀（計）をはじめるのに必要な手段を説明するものなので、この名がある。

　武士であれ、商人であれ、僧侶であれ、変装するからにはその人物になりきらなければならない。髪型や服装といった身なりはもちろん、立ち居振る舞いに気をつけ、その国の地理・風俗・方言などにもある程度、通じている必要がある。始計術が述べるのは、そういった基本の心構え。敵は何をきっかけに疑いを持つかわからない。疑念を抱かれたら、その時点で任務は失敗。軽視は禁物である。

　変装するにあたり、無害な者を装う方法を妖者の術という。老人や子ども、何らかの障害を負った者、物乞いなどに化けて相手の油断を誘うのである。

　近入りの術は、戦を間近に控えたタイミングで敵国に潜入する術。もちろんリスクは高いし、成功の確率は低い。その中の術である略本術は、そんな一刻を争う状況の中でも任務を果たすため事前に行われた、最低限の情報収集である。

　ここで集める情報は次の通り。①敵の組織名、②敵幹部の氏名、③幹部の旗指物・家紋、④幹部の家族構成について、⑤主だった郎党の名前、⑥屋敷や所領の所在、⑦他国にいる一族縁者の氏名・職業・家族構成、⑧敵中主要人物の交友関係、の８つである。

　以上の情報を集めるためには、敵国を出た浪人にあたるのがもっとも有効だ。次に、敵方に出入りのある商人や座頭なども、有益な情報を持っていることが多い。その他、敵城近くに住む庶民や捕虜などを情報源にすることもある。こうして、戦の直前という緊急時ではあっても、忍者はできる限りの準備を整えてから行動を起こした。

四章　仕事の作法

情報収集

忍者は何の情報を集めていたのか？

敵国の内情を把握することで、さまざまな策略が立てられる。敵国に潜入する前の忍者が特に知りたがった情報を紹介する。

情報の集め方

近入りの術
戦争が近いときや開戦中に敵国へ潜入し情報を集める術。「妖者の術」で老人や物乞い、山伏などに変装した。

遠入りの術
数カ月や数年前から敵国へ侵入し情報を集める術。現地の人として住み続け、開戦時に寝返る。

略本術で仕入れた事前情報

敵軍の幹部の情報
幹部の氏名や家族構成、所属している組織名、家紋などを調べる。

家族について知っておけば、潜入中に疑われても幹部の家族についての話題を振ってごまかすことができた。

交友関係
主要人物の交友関係も調べておく。その名前を出すことで疑われずにすんだ。

他に仕入れておきたい情報
・主だった郎党の名前
・家の所在
・他国にいる一族や縁者の名前や家族構成など

敵方に潜入するときは宴会のある晩を狙った

| 該当する時代 | 室町後期 | 戦国前期 | 戦国中期 | 戦国後期 | 江戸初期 |

| 該当する目的 | 潜入 | 情報収集 | 謀略 | 暗殺 | 攻撃 | 伝達 |

敵の城や屋敷に侵入する際は入虚の術で隙を突く

　敵が拠点としている城や陣、あるいはふだん敵が住み暮らす屋敷に潜入するためには、忍び込むタイミングを見はからうことが重要だ。入虚の術は、そのための技術である。

　隙を突くことを「虚を突く」と表現するように、ここでいう虚とは隙のこと。誰であれ、隙のない者はまずいない。一瞬にせよ、気がそれる瞬間はあるものだ。そこにつけ込み、目的地に潜入するのが入虚の術である。見定めるべきはタイミング。忍者は相手が油断する瞬間を見逃さないようにした。人は動くとき、または休むときに第三者に隙を見せる傾向がある。このときの虚を利用するのだ。

　入虚の術のポイントは、潜入場所が城か屋敷かで異なる。城は戦のための拠点、屋敷は人が住むためのものなのでそれも当然だろう。城の場合、着陣後数日間と出発の夜が狙いどきとされている。陣中が慌ただしくなるからだ。長い距離を行軍してきた直後、難路や悪天候の中を移動してきたあとにも虚は生まれやすい。合戦で大勝したり、陣中で騒動が持ち上がったりしたときも狙い目。滞陣が長引いて兵たちの気持ちが弛緩しはじめたら、そこにも虚はたびたび生じる。

　一方、屋敷の場合は、祝言などの結婚の祝い事や逆に不祝儀、宴会などといったイベントが行われる日の前後に家人らの心に隙が生まれやすい。心が浮ついたり、悲嘆に暮れていたりするときは、周囲に警戒心を向ける余裕がなくなるからだ。屋敷の中や、近隣に騒動が持ち上がったときも同様である。

　以上は、あくまでシチュエーションの例であり、敵の心に虚が生じさえすればいいわけだ。いつ人の心に隙が生まれるのか——それを見定める努力を怠らず、虚を認めたら迷わず行動すべし、ということである。

四章　仕事の作法

入虚の術

忍び込むタイミングを見逃さない！

敵の屋敷や城に忍び込むときは、必ず下調べをしてタイミングを見計らった。それらのいくつかを紹介する。

屋敷

夜の侵入8箇条
① 祝言の明け方
② 病気が治る兆しがあった夜
③ 宴会のあった夜
④ 隣で火事や珍事があった翌日の夜
⑤ 普請や労役のあった夜
⑥ 不幸があってから2～3日後の夜
⑦ 風雨の夜
⑧ 騒動の夜

祝言の明け方
結婚式などの祝い事のあった夜は、お酒で酔いつぶれたり、疲れ果ててしまいがち。

不幸があってから2～3日後
誰かが亡くなると、葬儀などで忙しくなり睡眠不足になりがち。

城

敵軍が城を出発した夜
敵軍が城を出発した夜は、城内が手薄になる。

敵軍が悪天候の中を行軍した夜
悪天候での移動は体力を消耗し、兵士は疲れてしまう。

合戦開始直後の混乱時
合戦開始直後は攻撃することに気をとられ、守備の意識が甘くなる。

侵入しづらい絶壁を登り敵の意表を突いた

仕事の作法 その九

該当する時代	室町後期	戦国前期	戦国中期	戦国後期	江戸初期

該当する目的	潜入	情報収集	謀略	暗殺	攻撃	伝達

場所や地形に隙を見出す物見の術で敵地に潜入

　忍者が敵拠点に忍び込むために使う入口を忍び口という。これを見つけるのが物見の術だ。入虚の術はときの虚を突く、つまりタイミングを見定めるものだが、物見の術のポイントとなるのは場所。地の虚である。どのような場所を忍び口と定めるのか、この術を使うにもいくつか心得がある。

　攻城戦では守備側が有利とされている。それも当然。攻め手は堀や城壁など鉄壁の防御を破る必要があるが、守る方は相手を押し返すことだけを考えればいい。長丁場になれば、必ず遠征の果てに山野に布陣する敵のほうが先に音を上げる。戦国後期、兵糧攻めが主流になったのは攻城戦では力攻めが不利というのが明らかになったからだ。しかし軍勢は押し返せても、少人数による侵入となると見方が変わってくる。

　城の背後が険阻な山岳地帯、あるいは崖になっている場合、そちらはガードが緩いのが通例である。敵兵による急襲の恐れがきわめて低いからだ。これは河川や沼地を背にした場所でも同様である。だとすれば、そこに虚を見出すのが忍者の真骨頂であり、物見の術のポイントでもある。

　人の目が隅々まで届きやすい小さな城で、兵の多くが集中している場所も、むしろそこが弱点であることが多い。反対に城内の人間が少ないときには、人があまりいない場所が忍び口になりやすい。先の例でいうなら、崖側は自然の防御に頼れるのでかぎられた兵を割こうとは考えないからだ。

　城に比べ、屋敷の忍び口を見つけることは比較的容易である。ただし、いざ足を踏み入れて迷うことのないよう、間取りや構造、家人の寝室の場所、施錠の状況など、事前に可能な限り下調べしておくことが重要だ。お得意の変装で商人や山伏に化け、目的の屋敷の下見をしておくのである。

四章　仕事の作法

物見の術

城や屋敷の「忍び口」を確保する

忍び込むときはタイミングだけではなく場所も重要。死角になりやすい「忍び口」を忍者はたくさん知っていた。

城の忍び口

城の背後が山や崖
城の正面は防備が固いが、背後の山や崖には人を配置しにくい。

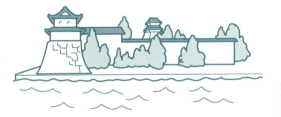

海や川に面したところ
兵士を配置できないため見張りが少ない。城まで泳いだり、忍具を使って忍者たちは侵入した。

屋敷の忍び口

- 裏口：人の出入りが少なく、隠れる場所があり奥部屋に進みやすい。
- 庭先など家の奥側：庭や縁の下から侵入し、入り口方向へ向かう。寝床などの重要なところに近い。
- 座敷：裏口から入れなかったら、人がいない座敷から入る。
- 窓、縁側、台所の勝手口、便所：隙間があったり、登器を使って潜入しやすい。

Column

石垣を登るときは入隅（いりすみ）をねらう

石垣の角や平面を登るのは見つかりやすくとても危険だ。石垣には隅部を屈折させた入隅という部分があり、忍者はそのへこんだ内側の部分を登った。

仕事の作法 その十

警備の交代直後が狙い目
忍者の華麗なる潜入術

| 該当する時代 | 室町後期 | 戦国前期 | 戦国中期 | 戦国後期 | 江戸初期 |

| 該当する目的 | 潜入 | 情報収集 | 謀略 | 暗殺 | 攻撃 | 伝達 |

人間心理を読む入堕帰(いりだき)の術で見張りの心の隙を突く！

　城に忍び込む際に、最初のハードルとなるのは見張りの目を盗むこと。入堕帰の術は、そんなときに有用な術だ。見張りが交代した当初を「入」、かなりの時間が経過した頃を「堕」、さらにときが進んだ交代前の時間帯を「帰」とし、潜入のタイミングを見定めようというものである。

　交代直後は、見張りの心はまだ張り詰めており、目の前を横切るものは何ひとつ見逃すまいと緊張感を保っている。アンテナがもっとも高く立っているこの時間帯に潜入を試みるのは無謀のひとこと。「急(せ)いては事をし損じる」ということわざに従い、しばらくは様子見が必要である。そして時間が経って「堕」の時間帯を迎えると、次第に見張りの心がゆるみ集中力がなくなっていく。そうなったらもうひと押し。「帰」の時間帯がやってくると、仕事終わりのことばかり考えるようになり、忍び込むチャンスが巡ってくる。

　このようにして見張りの心の変移を見定め、ここぞという瞬間がやってきたら、間髪を入れずに忍び込む。ここでためらいは禁物だ。迷わず迅速に行動を起こす——これを択機(たくき)の術という。択機は読んで字のごとく、機を択(え)ぶという意味。これを忍術というのは大袈裟かもしれないが、人は決断の際、臆病になってしまうもの。しかし、それを「術」にしてしまえば、考えずに行動を起こすことができる。単純な行為に仰々しい名前があるのは、そんな理由からだ。

　見張りが隙を見せるタイミングを待つのではなく、積極的にそのタイミングをつくる術もある。楊枝(ようじ)を落としてかすかな音を立て、見張りが気をとられた隙にこっそり忍び込む楊枝隠れの術だ。実際に楊枝を投げたりはしないにせよ、何かを用いて見張りの気をそらすのは有効な手段であった。

四章　仕事の作法

忍び込みの基本

人が見ていないときに忍び込む

忍び込みの基本はいたってシンプル。相手が気を抜いているときや、注意をそらして見ていない隙に忍び込めばいい。

忍び込み方いろいろ

入堕帰の術
何事もはじめたときは集中するが（入）、時間が経つと緊張が解けてしまう（堕・帰）。そのタイミングを狙って忍び込んだ。

楊枝隠れの術
楊枝を落としてかすかな音を立たせ、番人の注意をそらした隙に忍び込んだ。

陰中陽の術
相手に嘘の情報を信じ込ませて隙をつくる。たとえば塀の下から穴を掘り潜入しようとする場合。見張りに気づかれたとしても、複数で相談している振りをして、違う場所から侵入しようと嘘の情報を見張りに聞かせる。見張りは嘘の侵入場所に向かい、その隙に穴を掘って忍び込んだ。

潜入に適しているのは足音がかき消される風の強い日

仕事の作法 その十一

該当する時代	室町後期	戦国前期	戦国中期	戦国後期	江戸初期

該当する目的	潜入	情報収集	謀略	暗殺	攻撃	伝達

バラエティに富んだ術で気づかれず屋敷に忍び込む

家忍の術は、文字通り他人の家に忍び込む術。とはいっても、この名を持つ特定の術があるわけではない。多種多様なあらゆる技の総称として用いられる。中でも代表的なのが除影音術。忍び込む際に邪魔になる影と物音を消す技術である。

光あるところには必ず影が生じる。これを消し去りたいなら、光源とつねに正対すればいい。光に向かったとき、影は自らの背後にできるからだ。夜間であれば見張りが提灯を手にしているので、その灯りを光源とすればよいが、屋敷内を移動するときには庭の各所に配置された燈籠や松明が厄介だ。また、複数の見張りが配置され、ときには巡回もする状況などでは、光源の分布状況の把握には特に気を配る必要がある。

足音は立てまいとしても立ちやすく、したがって目立つ。これを消すには、足袋や草履の裏に真綿を入れるのが効果的とされる。また、移動の際は音が立ちやすい竹やぶや草むら、乾燥したワラにも近づかないよう気をつける。とはいえ、風の吹く日は話が別。空気が動くと自然に音を立てる性質を利用し、あえて竹やぶに入るのが賢い方法だ。少々の音は風の仕業だと思ってもらえる。扉の開閉音なども消してくれるので、風の強い日は特に潜入に向いている。音を消すには音を立てないか、もしくは他の音に紛らわせること。これに尽きる。

鑿（のみ）を使って錠前を開ける開鑿術、建物や土蔵に穴を開ける穴蜘蛛地蜘蛛の術、番犬を毒殺したりする遇犬術──いずれも家忍の術のバリエーションである。季節や家人の年齢による眠りの変化を研究した弁眠術、寝息やいびきから眠りの深さを観察する聴音鼾術というものもある。忍者は研究熱心なのだ。

四章　仕事の作法

家忍の術

あらゆる状況に備えた忍び込みルール

忍び込むタイミングや場所を把握しても、それだけではうまくいかない。他にもあらゆる対策と技術が必要とされた。

除影音術（じょえいおんじゅつ）
自分の影と音を消す。月の光や提灯の明かりに注意した。

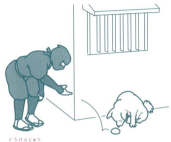

偶犬術（ぐうけんじゅつ）
犬は忍者の天敵だった。毒まんじゅうを食べさせて殺したり、犬の気を向かせるため別の犬を用意した。

聴音䒳術（ちょうおんかんじゅつ）
寝息やいびきの音を聞いて嘘寝かどうか探ったり、人の眠りの深さを確認した。

塀に塩水をかけて腐らせる
木塀の場合、塩水をかけ続けると腐っていき、簡単に壊して潜入できる。色は少しずつ変わるので家主にも気づかれにくい。

動物を使って忍び込む
ヘビやカエルなどを女の人のいる部屋に投げ込み、パニックになっている隙に侵入する。

忍びFILE

一番の天敵は犬だった!?

人間に対して吠える番犬は、忍者にとって一番やっかいな存在だったという。忍者は犬を毒殺する以外にも、事前に番犬に顔を覚えられておくようにしたり、番犬の異性の犬を連れていき仲良くさせることで吠えられないようにした。

仕事の作法 その十二
高度な測量技術を持ち戦いを有利に運んだ

該当する時代 ▷ 室町後期 | 戦国前期 | 戦国中期 | 戦国後期 | 江戸初期

該当する目的 ▷ 潜入 | **情報収集** | 謀略 | 暗殺 | 攻撃 | 伝達

✦ 攻略する土地を知ることで戦を有利に進める察地術

現代であれば、家にいながらにして世界各地の情報を得ることができる。しかし、戦国の世は隣国の事情さえ容易にはわからなかった時代だ。ここでいう隣国とは近接する他領のこと。つまり、国境を越えてしまえば、たとえ隣国であってもその情報を知るすべは乏しかった。そこで隠密行動を生業とする忍者の出番となる。

これから攻め込もうとしている土地がどのような地形をしているのか、城や砦の正確な場所はどこか、想定される援軍や補給線のルートをどうするかなどを事前に把握しておけば戦を有利に進めることができる。このような土地に関する戦略上のポイントを集めるのが察地術の基本だ。そうはいっても正確な地図など存在しない時代。各地に散った忍者たちは、まずその土地の地形や道といった基本的な情報から調べる必要があった。

正確な地図づくりのためには、正しい方位を知らなければならない。そんなとき忍者は、縫い針を用いた。鉄を熱して急激に冷やすと、磁力を帯びて永久磁石となる。これを水に浮かべると針は南北を指す。N極とS極は磁力を帯びたときに針がどちらを向いていたかで決定するので、冷やすときに針先を北に向けておけば、水に浮かべたときに針先は北を向くようになる。これは熱残留磁化を応用した立派な科学的手法である（※P155）。

察地術では城攻めに備え、周囲の水田が浅田か深田かを知ることも重要だった。多少、移動速度は落ちても浅田なら一気に突っ切ることが可能だが、体の沈む深田ははまり込むと身動きが取れなくなる。忍者は土の色や苗の立ち方などを観察して、これを見分けた。雨の多い年は浅田の生育がよく、少ない年は深田の生育がよいことから、雨量も参考にしたという。

四章　仕事の作法

察地術

地形の細かいところまで把握する忍者の観察眼

敵国に攻め込むためにはまず地形を知る必要がある。正確な地図がなかった時代、忍者は地形調査員として活躍した。

水田の調査

城攻めの場合、周りの水田が「浅田」か「深田」かどうかを知ることが重要だった。忍者はそれぞれの特徴を見分け地形情報を把握した。

浅田
- 田の上に堤や井戸、溝などがある
- 切り株が短く、均一に刈られている
- 土が乾燥して白く、固い

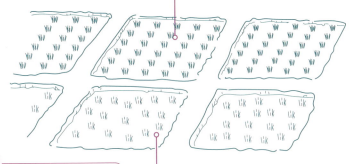

深田
- 切り株が長短それぞれで大小がある
- 土が青黒く泥臭い
- 茶褐色の水が湧き出ている
- 苗が傾いている

夜道の察知術

相手の移動方向を知る

夜道に光を発見した場合、地面に伏せて目の前に扇子を横たえる。近づいてくる明かりは扇子の位置より上に移動し、遠ざかると下に下がっていく。

近づく　　遠ざかる

仕事の作法 その十三
狼の糞は発色がいい!?
狼煙は素材まで吟味した

該当する時代	室町後期	戦国前期	戦国中期	戦国後期	江戸初期

該当する目的	潜入	情報収集	謀略	暗殺	攻撃	伝達

狼煙や手旗を使ってリレー形式で情報を送る

　火を焚いて煙を上げ、味方に合図を送る狼煙。障害物があると見えないため、山などの高地伝いにリレー形式で上げていくのが通例である。

　甲賀に伝わる『加条』と、伊賀に伝わる『伝目』——ふたつの伝書をまとめた忍術書が『用間加条伝目口義』だ。この中に、狼煙の上げ方に関する記載がある。ワラに狼の糞と松葉を混ぜたものを、地面に掘った穴に埋めて火をつける。そこに節を抜いた大竹製の筒を差し立て、煙がまっすぐ天にのぼるようにするというものだ。

　遠くからでも煙を目視するためには見やすさが重要になってくる。平たくいえば煙がある程度、濃くないと困る。マツやスギ、ヒノキやヨモギは、燃えると晴時に見やすい白い煙を上げるので狼煙の材料によく用いられた。オオカミや鼠の糞は、燃焼をゆっくりさせるために混ぜられたようである。こうした材料は、狼煙台近くの小屋に保管して有事に備えることもあったという。狼煙は有用な伝達術ではあったが、雨風に弱いのが何よりの欠点。したがって晴天で風のあまり強くない日に主に使われた。

　忍者が用いた同様の伝達術に、飛脚火・飛脚旗というものがある。飛脚火は夜間に入子火と呼ばれる龕灯に似た携帯用ランプを用い、やはり山の上から合図を送るものである。当然、明るい昼間には視認性が落ちるため、日中は旗を用いた。

　両手に手旗を持ち、その振り方のバリエーションがつけられるため、旗による通信は火と比べて遥かに情報伝達量が多い利点がある。ただし、中継者同士の距離は短めになる欠点があった。それでもリレー形式にすれば遠距離への情報伝達も可能であったため、江戸時代には、大坂の米相場を江戸に伝えるのに利用されたという。

四章　仕事の作法

情報伝達

旗と狼煙、ランプを駆使！

当時の通信手段は旗や狼煙だった。旗の振り方や狼煙の材料など、忍者はさまざまな工夫に余念がなかった。

夜は「入子火（いりこび）」を使って伝達

銅を薄くのばして円筒をつくり、その中にロウソクを立てた。中継距離は40〜80kmほどで、驚くほどの早さで情報が伝えられた。

旗

旗を振って情報を伝達した。山頂などの高い場所から合図を送り、合図を受け取った中継者が次の中継者に合図を送った。

狼煙

火をたき煙を上げて合図をした。忍者は見えやすい煙をつくるため材料にもこだわり、天気が良い場合は5km先まで情報を伝えることができた。

証跡　伊賀にたくさんあった狼煙台

伊賀や伊勢の間に狼煙台が数多くあることが近年の研究により明らかになっている。大峯山（荒木）、南宮山（一之宮）、田中氏城跡（中友生）、御斎峠（西山）などに狼煙台があったとされる。

Column　材料によって煙の質が全然ちがう

忍者は狼煙の材料としてヨモギや松などをよく使った。これは普通の草木を使用するよりも煙が白くなり、煙の持続時間も長くなるため。試行錯誤の賜物である。

ヨモギ・松など　　雑木

仕事の作法 その十四
忍者専用の文字を使って情報漏洩を防いだ

| 該当する時代 | 室町後期 | 戦国前期 | 戦国中期 | 戦国後期 | 江戸初期 |

| 該当する目的 | 潜入 | 情報収集 | 諜略 | 暗殺 | 攻撃 | **伝達** |

忍びイロハに換字 忍者が使った暗号の数々

諜報活動を主な任務とした忍者にとって、もっとも忌むべきは命がけで手にした重要情報を主家に持ち帰れないこと。そこで味方への情報伝達を間違いなく行うため、独自の方法が発展することとなる。「忍びイロハ」もそのひとつ。手紙など文章を手渡せる状況にあるとき、よく用いられた。

忍びイロハは、世の中のすべてが木、火、土、金、水の五元素から成るという中国の五行説を応用したオリジナル暗号。五元素に人・身を加えた7文字をヘンに、色・青・黄・赤・白・黒・紫をつくりにしたオリジナルの漢字を用いたものである。両者の組み合わせでイロハ48文字を表すことができるので、通常の手紙と遜色なく情報を伝えることができた。

とはいえ、これは一例にすぎない。忍びイロハは現代の軍事用暗号のように複雑ではないため、法則を見破られると誰にでも内容が読めてしまう。したがって忍術各流派は、仲間内でしか通用しない独自の法則、独自の読み方を持つ忍び文字を工夫した。また、その読み方も毎日変えていくなど、さらなる工夫を凝らした。

忍びイロハの他に、イロハを数字に置き換えて紙に書いて送ることもあった。たとえば、「なかま」なら3の7、2の7、5の2、といったやり方である。これだと単純なのでさらに複雑な方法もあった。

隠文秘匿之法は、棒に紙を巻きつけ、その上から文字を書く方法。紙を開けば何がなんだかわからないが、受け取る相手が同じサイズの棒に再度巻きつければ読めるようになる。

このように特殊な暗号で記された密書であっても、丸裸で持ち歩くのは危険だ。そこで密書を携帯するときは、紙を細く丸めてコヨリ状にし、着物や持ち物に縫い込む方法が用いられた。

四章　仕事の作法

忍び文字

忍者にしか読むことができない特殊な文字

忍者は仲間内で手紙を書くとき「忍びイロハ」や文字を数字に置きかえて敵にわからないようにした。

忍びの暗号

	紫	黒	白	赤	黄	青	色
木	櫒	楳	柏	柣	横	楕	杷
火	燨	煤	炢	烁	熿	焭	炮
土	壧	墨	坞	堿	墴	堉	垉
金	鑇	鐷	鉑	鋨	鐄	錆	鉋
水	�274	潶	泊	洂	潢	清	泡
人	儶	僡	伯	侅	儫	倩	伆
身		軅	舥	軷	軄	䠹	䚵

忍びイロハ

「木・火・土・金・水・人・身」をヘン、「色・青・黄・赤・白・黒・紫」をツクリとして組み合わせたオリジナル漢字。いろは歌と対応させて読んでいく。

色は匂へど
散りぬるを
我が世誰そ
常ならむ
有為の奥山
今日越えて
浅き夢見し
酔ひもせす

イロハの数字置換

イの行を阿弥陀、チの行を観音に置き換え、「ハ」なら阿弥陀3、「ワ」なら観音6などとすることもあった。

	7	6	5	4	3	2	1	
1	え	あ	や	ら	よ	ち	い	
2	ひ	さ	ま	む	た	り	ろ	
3	も	き	け	う	れ	ぬ	は	
4	せ	ゆ	ふ	ゐ	そ	る	に	
5	す	め	こ	の	つ	を	ほ	
6	ん	み	え	お	ね	わ	へ	
7		し	て	く	な	か	と	

密書の隠し方

隠文秘匿之法（いんしょひとくのほう）

棒に細長い紙を巻きつけ、その上から文字を書く。棒から外すと文字がバラバラになり読めなくなる。

あぶり出し

大豆やミカンの汁、お酒などで書いた文字は乾くと見えないが、火であぶって熱を加えると文字が浮き出てくる。

仕事の作法 その十五

「山」といったら「川」?
忍者が使った合言葉

該当する時代	室町後期	戦国前期	戦国中期	戦国後期	江戸初期

該当する目的	潜入	情報収集	謀略	暗殺	攻撃	伝達

合言葉や割符を用いて忍者は敵味方を判別した

忍術書に曰く、忍者は敵よりも同士討ちに用心しなければならない。素性を隠して行動する忍者は、たとえ味方同士であっても互いの顔を知らないケースが少なくない。いや、むしろそのほうが普通である。となると情報を伝えるためとはいえ、味方と接触するのも簡単なことではなくなる。つまり、コミュニケーションの前に、仲間同士にしか通じない隠語や合言葉などを使って相手の素性を確かめる必要があったのだ。

山といったら川。これなどはよく知られた合言葉である。月に日、花に実、あるいは花に吉野、火に煙。他にも無数の組み合わせがあった。自然を題材に、連想で結びつけたものが多かったようだ。もちろん、これらはわかりやすい例であって、実際はもう少しひねりのあるものだった。また、当然のことながら忍術の流派によって異なる言葉の組み合わせが使われていた。

合言葉を使って、潜入した敵をあぶり出す方法もあった。立ちすぐり・居すぐりと呼ばれる方法で、たとえば合言葉を聞いたら瞬時に座る（立つ）よう事前に申し合わせをしておく。そして全員を立たせた（座らせた）状態で合言葉を叫ぶことで、反応が遅れたものをあぶり出す方法だ。

合言葉の他に、「割符」を使うこともあった。木の札や紙に文字や絵を描いて、ふたつに割ったもので、正しい組み合わせであれば、持ち寄った2片の札を合わせることで元通りになる。これで味方を確認していたのだ。

割符自体は古くから商取引や外交の場で利用されてはいたが、こうして見ると、仲間にも素性を明かさぬ忍者にふさわしいアイテムということができよう。板ではなく、こうがいという女性の髪飾りを割って使う場合もあり、これは「割こうがい」と呼ばれた。

四章　仕事の作法

合言葉

どんな合言葉や道具が使われた？

同士討ちを避けるために、合言葉を使って仲間を判別していた。実際に使われていた合言葉や道具を紹介する。

合言葉

「山」といわれたら「川」と返すというように、合言葉にはさまざまな組み合わせがある。自然を題材にしたものや短歌をもとにしたものが広く知られている。

山	—	川	畳	—	緑
谷	—	水	煙	—	浅間
月	—	日	花	—	吉野
火	—	煙	雲	—	富士
海	—	塩	松	—	高砂
カエル	—	井戸	萩	—	宮城野

割こうがい

こうがいは女性用の髪飾り。割ってふたつに分かれたこうがいを割符代わりに使用した。

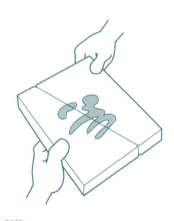

割符

絵や文字が描かれた木の板をふたつに割って使用した。それぞれ片方ずつを持ち寄り、組み合わせて味方を確認した。もともと日本では貿易船を証明するために使われ、中国が起源とされている。

鉤の陣で使われた合言葉

鉤の陣（1487年）

甲賀と伊賀忍者が足利幕府軍を襲撃した「鉤の陣」。吹雪交じりの寒い夜、忍者たちは将軍義尚がいる館に忍び込み煙を放った。この時彼らは合言葉を使いながら襲撃し、相討ちを防いだという。ちなみに標的とされた義尚は重傷を負い数年後に亡くなった。

隠語

忍者の業界用語はシャレている

忍者はよく仲間同士にしか通じない「隠語」を使った。伊賀者たちが自分たちを「栗」と表現したのは特に有名だ。

栗と郷家

忍術書には「伊賀、甲賀という言葉を使ってはいけない」という記述がある。伊賀や甲賀は忍者の里として有名だったため、口にするだけで忍者だと疑われる可能性があったからだ。そのため伊賀の者は「栗」、甲賀の者は「郷家」と置き換えた隠語が使われた。

忍術書の隠語

忍術書は、盗まれても解読されないよう重要な部分に隠語が使われた。たとえば、「地蔵薬師の前後を選ぶべし」と書かれている忍術書がある。この場合の「地蔵薬師」とは月を指す隠語で、「忍び込むときは月が出ていないときを選ぶ」という意味である。

Column

なぜ伊賀は「栗」なのか？

伊賀が「栗」といわれている理由はいくつかある。単純に伊賀を「いが栗」とシャレたためとする説の他、伊賀の国から京都や奈良の都までの距離がちょうど9里（36km）だったからだという説がある。

四章　仕事の作法

戦場の合図

潜入した敵を見分けるために使った合図

北条家に仕えていた忍者衆「風魔党」は、「立ちすぐり・居すぐり」という独特の合図を使って敵の侵入を防いだ。

立ちすぐり・居すぐり

皆がいっせいに松明を灯し、さっと立ち上がり座る。紛れ込んだ敵はこの動作ができないのですぐに正体がバレてしまう。

忍びFILE

北条家に仕えた風魔党

「風魔党」は北条家に仕えた総勢200人からなる忍者集団で、相模国(神奈川)の箱根の山を拠点とした。資料では「風間」と書かれる。頭領である風魔小太郎を筆頭に、山賊・海賊・強盗・盗賊の4つの組織で構成され、強盗、夜討ち、放火などの奇襲戦術を得意とした。そのため風魔党は「乱暴者」や「ごろつき」の意味合いがある「乱波」とも呼ばれていた。江戸幕府が開かれると彼らは盗賊になり、武家や商家から強奪を繰り返して江戸市中を暴れ回った。

実践！
立ちすぐり・居すぐり

黄瀬川の戦い(1579年)

北条軍と武田軍の戦いで風魔党は夜になると黄瀬川を渡り、武田軍に度々夜襲を仕掛けた。その酷い仕打ちに10人の武田兵が立ち上がり、風魔党の中にうまく紛れ込もうとした。しかし「立ちすぐり・居すぐり」の術で正体がすぐにバレて、全員斬り殺されてしまったという。

仕事の作法 その十六
積み上げられた石が仲間との交信手段だった

| 該当する時代 | 室町後期 | 戦国前期 | 戦国中期 | 戦国後期 | 江戸初期 |

| 該当する目的 | 潜入 | 情報収集 | 謀略 | 暗殺 | 攻撃 | 伝達 |

✦ 五色の米の組み合わせでさまざまな内容を仲間に伝えた

　忍者が通信に用いた道具に「五色米」がある。お米を赤・青・黄・黒・紫の５色に染めたもので、５色の組み合わせで暗号文をつくり、道の端などの一見して目立たない場所にまいて仲間に情報を伝えた。

　江戸時代の『軍法侍用集』には、それぞれの色に独自の意味合いを持たせる「名しるし」という使い方が紹介されている。各自が自分の色をあらかじめ決めておき、その色の米をまくことで、後続の仲間に自分の行く先を知らせる用法である。分かれ道などに差しかかったとき、あとから来る仲間が行き先に悩まないよう、正しい道程を示すためにも使われたという。他にも任務後の帰り道で迷わないための目印として使われた。

　縄を使った「結縄」という伝達法もある。五色米や筆記用具など何も持っていないとき、道に落ちている縄を使って目印とした。縄の結び目の形状や数によって文字を表現し、それを民家の軒下などにぶら下げたり、あるいは地面に落としたりすることで、あとから来るものへ情報を伝えるものだ。あからさまに目立つ場所に置くと捨てられてしまったり怪しまれたりするので、不自然さが出ないようさり気なく置くのがポイントだった。

　縄すらも調達できない場合、結縄と同じように路傍に落ちている石を使う。これを「置き石」という。他にも手近な木の枝を折ったり、砂や灰を置いたりして使うこともあったということが『用間加条伝目口義』に記述されている。

　お米や縄、石や木の枝など、身近なものを用いるのは、周囲に溶け込ませて目立たなくするため。忍者の手にかかれば、何の変哲もない日常のアイテムさえ瞬時に通信器具に早変わりするのである。

四章　仕事の作法

情報伝達

米・石・縄を目印として活用した

忍者は身の回りのあらゆるものを使い、仲間に状況を伝えた。その道具や使い方を紹介する。

五色米

移動中、後から来る仲間に情報を伝えるため5色に染めた米を使った。

五色米の活用術

青・黄・赤・黒・紫の染粉で染めて乾燥させ、色ごとに竹筒に分けて携帯した五色米。これらは分かれ道でしるしとして活用する以外にも、水場へと続く道に青い米を置くなど、あらかじめ各色に意味を決めて使うこともあった。

置き石

五色米も縄もない場合は石を使う。石の並べ方で言葉を表した。

結縄

縄の結び目や形で暗号をつくった。結び目がふたつある場合、数字の2を表す。

忍びFILE

忍びの3つの印とは？

忍びには「名しるし」「道しるし」「目付しるし」の3つのしるしがあるという。「名しるし」とは、誰が先にいるのか確認するための印。「道しるし」は分かれ道などで自分の通ろうとする道を伝える印。「目付しるし」は目的のものを見つけたら、それも報告するための印である。

仕事の作法 その十七
忍者は北斗七星の位置で時刻を確認していた

| 該当する時代 | 室町後期 | 戦国前期 | 戦国中期 | 戦国後期 | 江戸初期 | 該当する目的 | 潜入 | 情報収集 | 謀略 | 暗殺 | 攻撃 | 伝達 |

現在の時刻を知りたければ猫の目をみればいい？

ときに人里を離れ、ときに夜陰に紛れて移動する忍者にとって、天候や時刻に関する知識は必須のものだった。これを察天術という。

住み慣れた場所であれば、ほんのわずかな兆候から天気の変化を読み取ることができる。たとえば空の色や雲の動き、彼方にある山の見え方などだ。それができないなじみのない土地では、農民や漁師などから情報を得た。彼らの日々の仕事は、天気と無縁ではいられないからだ。

雨風は物音を消すので隠密行動がしやすい。そこで雨の日は潜入の好機とされていた。忍者が雨の予兆に敏感だった所以である。月がかさをかぶったら雨というのはいまもよく聞かれる天気の予兆だが、山が近くに見えたら雨というのもある。また、空を行くトンビの様子を参考にすることもあった。朝鳴いたらその日は雨、夕方鳴いたら翌日は晴れ、輪を描いて舞い上がれば翌日は晴れ、輪を描いて舞い降りたら雨といった具合である。

時間の確認には、晴天の日中であれば太陽の位置が参考になった。夜の手がかりは北極星と北斗七星の位置である。北半球ではすべての星々が、北極星を中心に反時計回りに24時間かけて1周する。それを知っていた忍者は、北斗七星の位置から時刻を確認していたのである。

忍術書ではこうした北斗七星による時刻確認の方法の他に、「猫の目歌」という忍び歌を紹介している。「六つ丸く、五七は卵、四つ八つ柿の実にて、九つは針」というこの歌は、一日のうちで時刻に応じた変化を見せる猫の瞳に時刻をなぞらえたものである。とはいえ、猫の目は時刻に関係なく頻繁に変化を見せるものなので、実用に足りたかは怪しいところ。遊び心や洒落のたぐいだろう。

四章　仕事の作法

察天術

現代科学にも匹敵する忍者の天気予報

忍者は自然の現象をよく観察して天気を予想した。その知識の正しさは現代において科学的に実証されている。

夕焼けの次の日は晴れ

日本では西から東へと天気が変化していくので、西の空はすなわち未来の天気を示している。西の空に沈む夕焼けが美しいと、次の日は晴れになりやすい。

クモの巣に朝露がついていると晴れ

夜間雲ひとつない空だった場合、翌日地面に露ができ、天気は晴れのまま続く。朝クモの巣に露がついていた場合、夜に雲がなかったことを示している。

ロウソクから煤が出ると雨

雨が近づくと低気圧になり湿度が高くなる。そのためロウソクの芯が濡れて炭素が不完全燃焼を引き起こし煤が出るのである。

太陽や月にかさがかかると雨

巻層雲に覆われると太陽や月にかさがかかる。この雲は低気圧によってできるため、時間が経つと雨になることが多い。

忍びFILE

500年前からフェーン現象を知っていた!?

乾燥した暖かい風が山から吹きおろす現象をフェーン現象という。忍者はその様子を忍術書に著し、「一軒に火を放てば、万戸を焼くことができる」と説明書きしている。

時刻

忍者は北斗七星を見て時間を把握した

夜の任務もある忍者はどうやって時刻を把握していたのか。北斗七星の動きや猫の目を見て確認していた。

北斗七星時計

北斗七星は、北極星の周りを24時間で1周する。つまり1時間に15度ずつ移動するため、任務開始時に北斗七星の位置を覚えておけば、だいたいの時刻を把握できた。

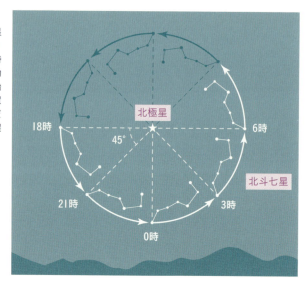

POINT
北極星の見つけ方

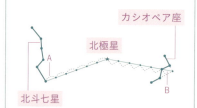

北極星を見つけるには、北斗七星かカシオペア座をまず見つける必要がある。北斗七星の場合、Aの直線を約5倍延ばした先に北極星がある。カシオペア座は、B直線を約5倍延ばした先に北極星がある。

Column
猫の目時計

忍術書に記述される「猫の目時計」は、もともとは中国が起源とされ、唐の時代にまで遡る。室町時代に日本に伝わり、江戸時代になると研究が進められた。

四章 仕事の作法

方角

忍者特製コンパスを使って確認

忍者は針や鉄板を携帯してコンパスとして活用した。任務で移動する際の他、地図の作成にも使用した。

忍びのコンパス
針や耆耆屈を熱してすぐに冷やすと、磁力が加わり、先端が特定の方角へ向いた。

耆耆屈
長さが5cmほどの薄い鉄板を舟型にしたもの。熱してすぐにそっと水に浮かべると北か南の方向を指し示した。

針
片方の先を赤くなるまで熱し、水に浮かべると先が北か南の方角へ向く。

Column

どうして針は北と南の方向へ向くのか

針を熱すると先が北方向に向くのは科学的な理由がある。鉄でできた針や耆耆屈は、中の磁性がバラバラの向きになっていて、これを熱して刺激を与えることで磁性の向きが一方にそろう。この現象を熱残留磁化という。

仕事の作法 その十八

任務を遂行するために何年もスパイ生活を送る者もいた

該当する時代 ▷ 室町後期 / 戦国前期 / 戦国中期 / 戦国後期 / 江戸初期

該当する目的 ▷ 潜入 / 情報収集 / 謀略 / 暗殺 / 攻撃 / 伝達

裏切りを効果的にするにはそれまで忠勤に励んでおく

　古い中国の伝説に、桂男という月の住人が出てくる。これにちなんだ忍術が桂男の術。平時から素性を偽って敵中で生活する忍者を、月の中の住人にたとえたのである。

　この術の難しいところは、当の桂男の人選である。別人になりきるためには、たとえ味方であっても他人に顔を知られていてはまずい。味方の中にも敵が紛れ込んでいる可能性があるからだ。そこで将来、桂男として用いるために「蟄虫」という役割の人物が事前に用意された。仕官をしていない有為な人材をひそかに雇い入れ、確実に味方になったところで敵国に仕官させるのである。長く敵国に住み、すっかりその国の住人として信用を獲得している「穴丑」という役割の人物が、このとき蟄虫の身元引受人となった。穴丑は諜報任務には就かないものの、同時に蟄虫の監視役も担っていた。

　桂男は敵陣営で小さな功績を積み重ね、できるだけ地位と信用を得るよう努める。そして、ここぞというタイミングで裏切るのだ。主君に進言できるほどえらくなっていれば、敵に与えるダメージも致命的なものとなる。

　一方、袋翻しの術は、一般人ではなく忍者を忍者として敵方に送り込む術である。ただし、各大名が子飼いの忍者集団を抱えていた戦国時代に、他所から来た忍者を仲間に入れるのは現実的ではないので、これは江戸時代に入って定着した方法だろう。

　主君と打ち合わせした上で忍者が敵側に寝返り、相手の仲間になってから、主君の合図で敵を謀略する術を山彦の術という。事前の仕込みが重要で、両者の間に不和が生じ、部下が敵方に走るといった芝居をきちんと見せておかなければならない。そして合図があるその瞬間まで、敵の一員として忠勤に励んでおくのもポイントである。

四章 仕事の作法

桂男の術

忍者を送り込むために準備されたスパイ組織

敵地に忍者を送り込むには事前準備が必要とされた。敵地に長く住む忍者の存在も、術の成否に大きく影響した。

桂男の術の仕組み

桂男として他国に派遣される忍者を「蟄虫」といい、穴丑を仲介役として他国の住人になる。穴丑は蟄虫から聞き出した情報を、薬売りや虚無僧、山伏に変装した忍者に報告し、情報は味方の国に伝えられた。

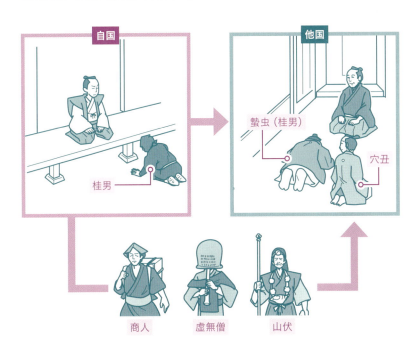

Column

蟄虫や穴丑はどんな人が適正か

蟄虫や穴丑は敵地で長く生活するため、敵になじみ裏切る可能性があった。それを防ぐため、主君に忠誠を誓い義理人情があつい人が選ばれた。女性の場合は、敵と情を交わすことが多く裏切る可能性が高いため、注意が特に必要だとしている。また彼らの血縁者を人質にして、裏切りの抑止力とする方策も採られた。

袋翻しの術	## 忍者を敵国の忍者にしてしまう
	袋返しの術とは、味方の忍者を敵の忍者にさせ、ときがきたら味方側に戻り、敵にダメージを与える術である。

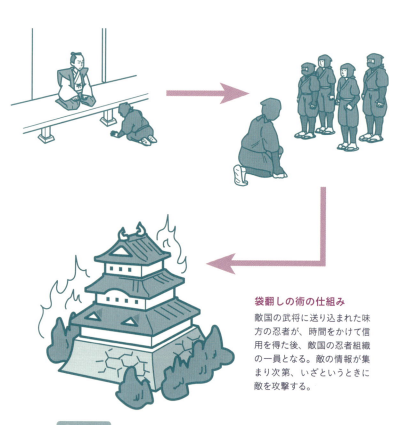

袋翻しの術の仕組み

敵国の武将に送り込まれた味方の忍者が、時間をかけて信用を得た後、敵国の忍者組織の一員となる。敵の情報が集まり次第、いざというときに敵を攻撃する。

> **Column**
>
> ### 伊賀者は袋翻しが得意だった
>
> 伊賀忍者は全国各地の藩に雇用されていたため、その組織は日本中に広がっていた。そのため雇い主の諸大名たちは彼らをあまり信用せず、一般の武士たちも冷たい目で見ていたという。実際に伊賀忍者の指揮官だった服部半蔵は、多くの忍者を各地へ送り込んでいたとされる。

四章　仕事の作法

山彦（やまびこ）の術

味方を裏切る名演技で敵の組織にまぎれこむ

「敵を欺くには味方から」という言葉がある。忍者は主君を裏切るふりをして敵国へ逃げ込み、時期を見て時敵を裏切った。

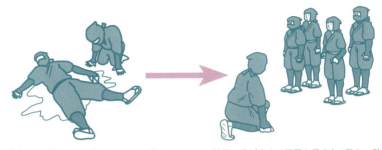

君主と忍者が打ち合わせをした上で、偽の事件や争いを味方の内部でひき起こす。

敵国へ逃げ込んで信用を得るまで励み、敵の忍者組織の配下になる。

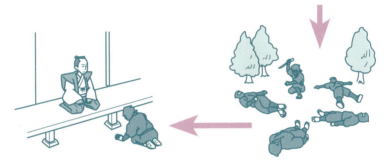

自国へ戻り、任務が完了。長期的な任務になるため、主君との関係性が大切とされる。

主君の合図が出たら寝返り、敵に大ダメージを与える。

弛弓（しきゅう）の術

敵側に捕まってしまった場合は、敵の指示に従って敵側に寝返る。時をみて敵にダメージを与え、味方側へ戻るという術。

忍びFILE

スパイかどうか確かめる

敵国からきた忍者はいつか裏切る可能性がある。そのためその心理を確かめるため試験が行われた。忍者を母国の近くに行かせて嘘の情報を流させる。このときためらうことなくいえるかどうか様子を見て、その忍者がスパイの可能性がないか試したという。

仕事の作法 その十九
敵組織の中にいる不遇な者を見つけ出して内紛を仕掛けた

| 該当する時代 | 室町後期 | 戦国前期 | 戦国中期 | 戦国後期 | 江戸初期 | 該当する目的 | 潜入 | 情報収集 | 謀略 | 暗殺 | 攻撃 | 伝達 |

政情が乱れている国ほどつけ入る隙が生まれる

 敵国の家臣を裏切らせ、間者（スパイ）として用いる術が蓑虫の術だ。獅子身中の虫→身の虫→蓑虫という連想である。

 間者として引き込みやすい相手を探すには、いくつかの条件があった。まず選ばれたのが味方の血縁者。「血は水よりも濃い」のことわざ通り、もっとも声をかけやすい相手である。

 その国の統治状況も重要なファクターである。政情の乱れた国では、必ず主君への反感や憎悪が募っている。そこにつけ込み、わずかな罪で罰せられた者、無実の罪で命を落とした者の血縁者、よい家柄にもかかわらず出世のおぼつかない者、才能があっても主君に冷遇されている者、代替わりの際に降格や取り潰しにあった者などに白羽の矢が立った。そうした潜在的な反逆の芽を見出し、間者としてスカウトしたのだ。また、利に敏感な者、貪欲な者には、地位やお金を与えることで味方に引き込む方策も採られた。

 里人の術は、敵国に住む里人を忍者として用いたり、謀略を行ったりする際の協力者として使う術である。人選の方法は蓑虫の術と変わらない。そうして敵国の中に忍者の組織をつくり上げ、ひそかにこれを拡大していく。桂男の術で使う桂男や穴丑を、組織内に組み込むこともあった。このような組織を複数築くことができれば、敵国の情勢は筒抜けとなり、得た情報はいざというとき味方に利することとなる。複数の組織をつくるのは、特定の組織の存在がバレても、他でその穴を埋めることができるからである。

 天に向かって唾を吐くと、そのまま自分の顔に落ちてくる。天唾の術はそのイメージそのままに、敵が放った間者を利用する方法。裏切らせたり、そしらぬ振りで偽情報を与えたりして、敵に損害を与える術である。

四章　仕事の作法

蓑虫の術

寝返りそうな人を見極めてスパイにさせる

蓑虫の術は、敵国の家臣を裏切らせて味方にしてしまう術である。その人選やいかに？

蓑虫を選ぶ条件

まずは裏切りやすそうな者を見極めるのが重要。組織にはかならず不遇な者が存在するので、そこをピンポイントでねらっていく。

統括が乱れた国の住人
血縁者や知人が無実の罪で死んでしまい、主君を恨んでいる者。

不当な扱いを受けている者
高位の家柄の者で、ふさわしい地位に昇進できない者。

味方に血縁者と深い関係がある者
味方側に父母や子の深いつながりがあり、身内が敵対することを悲しむ者。

お金に貪欲な者
欲心深く、自分の利を優先させる者。お金を与えて味方に引き込んだ。

天唾の術

敵国から忍び込んできた忍者に偽情報を与えて敵側に報告させ、敵の状況を不利にさせる術。敵の忍者も気づかぬうちに敵国の戦力を削いだ。

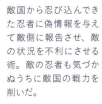

毛利元就の天唾の術

毛利元就が陶晴賢と対抗していたとき、晴賢は元就に天野という間者を放った。元就は天野が陶家の間者であることを知った上で召し抱える。ある日、元就は天野を呼び、陶家の重臣に手紙を渡すよう指示をする。陶家の重臣が毛利家に寝返ったと思った天野は、すぐに晴賢のもとへ駆けつけ、それを聞いた晴賢は怒ってその重臣を殺してしまった。

仕事の作法 その二十

嘘の情報ひとつで一国を崩壊に導いた

| 該当する時代 | 室町後期 | 戦国前期 | 戦国中期 | 戦国後期 | 江戸初期 |

| 該当する目的 | 潜入 | 情報収集 | 謀略 | 暗殺 | 攻撃 | 伝達 |

偽の書状を効果的に使い敵陣営に混乱をもたらす

　敵方にいる有能な人材、高位の人物を取り除くことで、敵陣営を混乱に陥れることは、結果として味方に利する行為となる。蛍火の術はそのための術だ。用いるのは書状。たとえば内通の手紙など、目的の人物を窮地に追い込む偽りの書状をつくり、敵の手に渡るようにするのである。

　その際、偽書は相手の屋敷に隠すこともあれば、あえて相手の忍者に奪わせることもあった。結果として、敵がこれを真実と受け取ったらこちらのもの。目的の人物が処刑されたり追放されたりすれば、敵陣営の弱体化につながる。有能な人間が一人減ったという事実に加え、その一族郎党の中に主君に対するネガティヴな感情が生じるからだ。それが高じて内紛や裏切りに発展しようものなら、それこそ願ったり叶ったり。敵中に投じた一滴の毒が、国の崩壊へとつながることもある。

　虜反の術は、捕虜の返り忠（寝返り）を誘う術。戦の最中に捕虜を得たとしよう。そこで返り忠をそそのかして応じたなら、その一族にも返り忠を促す手紙を書かせるのだ。戦国時代は主家よりも、直接仕える武将の立身出世が自らの将来に直結していた。そのため、一族郎党がこぞって寝返るケースは少なからずあった。捕虜が返り忠を断った場合でも同じ内容の偽書を送った。一族がこれに応じたなら、捕虜も翻意する可能性が出てくる。

　また、武将たちが気をつけたのは、返り忠に応じなかった捕虜を殺さないようにすること。殺してしまうとその一族郎党が復讐に燃え、合戦の際にひときわ危険な存在になってしまう。

　捕虜にはできず、相手が命を落とした場合も、やはり偽手紙で一族に返り忠をそそのかすことがある。相手が応じたらもうけもので、本人は手紙を書いた後で死んだと一族には偽りを伝えた。

四章　仕事の作法

蛍火の術

命を犠牲にして敵を内部から腐らせる

蛍火とは偽の密書と引き換えに儚く消える忍びの命を指す。敵にわざと捕まって書を差し出し、敵を混乱させた。

蛍火の術の仕組み

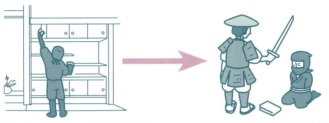

敵の重臣の家に忍び込み、偽書を居間のどこかに隠しておく。

わざと捕まり拷問を受ける。命と引き換えに持っていた偽の密書を差し出す。

敵側が偽書を信じた場合は、重臣は処刑、または追放された。

重臣の家から隠しておいた偽書が見つかることで、重臣に裏切りの疑いがかかる。

織田信長の蛍火の術

今川義元と敵対関係だった織田信長は、今川家の重臣・戸部新左衛門を蛍火の術で倒すことに成功した。信長は刀剣商に変装した忍者に偽書を持たせ朝比奈家に通うよう指示。朝比奈家は新左衛門と関係が悪く敵対していたためだ。朝比奈家は刀剣を包む紙に偽書があることに気づき、義元に報告。義元は偽書を信じてしまい、新左衛門を殺してしまった。

Column

『孫子』の兵法

『孫子』用間篇では、将軍が間を使いこなすことができなければ戦いに勝利することはできないと記されている。一方『万川集海』では、五間について忍者の立場から具体的な方法について書かれており、両者の立場は異なる。

仕事の作法 その二十一
敵軍の野営地に潜み騒ぎを起こして混乱させた

該当する時代	室町後期	戦国前期	戦国中期	戦国後期	江戸初期

該当する目的	潜入	情報収集	謀略	暗殺	攻撃	伝達

野営する場所を想定して待ち構えていた！

野営地と目される場所に、あらかじめ忍者を潜ませておくのが迎入の術だ。

軍勢が移動する場合、進軍するうちに日が暮れたので、たまたまその場所を野営地に選ぶということはしない。多くの人間が同一方向に動くには、相当時間がかかる。マラソンのスタートがよい例だ。マラソンでは先頭から持タイムが早い順に並び、順次走り出すスタート方法を取る。そうしてタイム順に並べてもなお、先がつっかえて最後尾のスタートライン通過には20〜30分がかかることもある。

数千、数万の大軍の出立では、より膨大な時間がかかることが想像される。小部隊ごとに間隔を空けたとしても、一歩を踏み出すまで数時間はかかるだろう。そしていざ歩き出してみると、装備や荷物が負担になる。そう考えれば、一日に移動できる距離もたかが知れている。だから進軍の際は、事前に野営地の目星をつけておくのが通例だった。迎入の術の肝は、したがって野営地の場所を事前に予測することにあった。

野営中は、外からの侵入は警戒する一方、最初から野営地で待ち構えている少数の敵に対する備えは怠りがちだ。そこを突き、身を潜めていた忍者が陣の内部で騒ぎを起こす。

まず試みたのは放火だ。本陣や、幹部クラスの武将の宿泊場所に火を放ち、指揮系統を混乱させる。火元を多くすれば混乱は広がり、かつ長引くので、できるだけ民家にも火をつけて回った。放火と併せて陣中にデマを放つことで、騒動を誘発させることもした。結果、同士討ちや暴動を起こせれば上々である。混乱の最中の略奪も、相手をさらなるパニックに陥れる効果がある。兵糧や武具を奪い、馬を放つことが敵戦力を大いに減らすことにつながるのはいうまでもない。

四章　仕事の作法

迎入の術

事前に潜伏し、敵の野営地をメチャクチャに

迎入の術は、敵の野営地にあらかじめ忍者を潜入させておく術である。忍者は地元民や敵兵に変装して敵を混乱させた。

迎入の術の仕組み

敵の軍勢が出発したら敵より早く野営地に向かい潜伏する。敵軍が来て、宿営の準備をしている間に放火や略奪、騒動を起こして混乱させた。

放火
本陣や宿泊場所、一般民家に放火する。混乱を大きくするため広範囲に火をつけた。

騒動
放火に伴いデマを放つ。敵を同士討ちさせたり、住民に暴動を起こさせるのが狙いだった。

略奪
放火や騒動の混乱にまぎれて、兵糧や武具、運搬具などを奪ったり焼き討ちにした。

仕事の作法
その二十二

敵軍の出陣時が潜入する好機！
忍者は荒探しのプロ

| 該当する時代 | 室町後期 | 戦国前期 | 戦国中期 | 戦国後期 | 江戸初期 |

| 該当する目的 | 潜入 | 情報収集 | 謀略 | 暗殺 | 攻撃 | 伝達 |

相手の出陣時の虚を突いて攻撃や侵入を試みる参差の術

　城攻めの際に用いる忍術のひとつに参差の術（かたたがえ）というものがある。「肩違え」とも書くが、人がすれ違うときに肩を違えるように、ここでは敵が出陣しようとしているタイミングに合わせて攻め込んだり、侵入を試みたりすることを意味する。

　参差の術が有効なのは、相手が別のことに気をとられている虚を突く行為だからだ。出陣準備中はやることが多い。その支度の最中を襲われると、迎撃どころではなくなる。また、出陣の際に兵の気持ちは、自然と前のめりになるもの。当然、守りの意識は薄いので、攻めらると脆く、時に総崩れしてしまうこともありえる。

　攻撃だけでなく、出陣時は城内への侵入にもうってつけだ。人の出入りが激しいシチュエーションは、こっそりと侵入をもくろむ忍者には絶好のチャンスである。敵をあらかた送り出したあとは、手薄になった城内での騒ぎが起こし放題となる。

　参差の術は、特に夜襲の場面で用いられることが多く、ふたつのパターンがあった。まずは敵による夜襲が予想される場合。忍者は速やかに敵の城に接近、実際に夜襲のために敵軍が城を出たら、入れ替わりに城内に侵入して放火や騒動を起こすのである。いざ出陣したものの、出てきたばかりの城の中から火の手が見えれば、敵軍は混乱に陥ること必至。不安にもかられることだろう。そうなればしめたものである。

　こちらから敵を夜襲する際にも参差の術は使われる。このときも忍者が先に敵城に近づいておく。そして開戦の混乱に乗じて城内に潜入し、自軍と内外で呼応しながら戦うのである。内懐の城内で騒乱を起こされた敵方は、以後、自らの城にいながら落ち着かない日々を送ることを余儀なくされたのである。

四章　仕事の作法

参差の術

守備がもっとも手薄になる時をねらう

攻撃しようとしている時は、守りの意識がおろそかになる。その隙をついて忍者が侵入し、敵に大ダメージを与えた。

参差の術の仕組み

敵が出陣をはじめたら、城門や柵門から城内に潜入し、火事や騒動を引き起こす。

夜襲をかける

出陣前は忍び込みやすい

出陣前は準備に忙しく、出入り口は人の出入りが多いため、警備の意識が甘くなる。攻撃に気を取られていることもあって、潜入しやすかったようだ。

裏・参差の術

逆に味方が敵の城に夜襲をかける場合は、忍者を先に潜入させ敵に夜襲を知らせる。敵が防戦準備をしている間に城内に忍び込み、敵を混乱させてから夜襲した。

仕事の作法 その二十三
あえて隙を見せることで敵方にも隙を誘った

| 該当する時代 | 室町後期 | 戦国前期 | 戦国中期 | 戦国後期 | 江戸初期 |

| 該当する目的 | 潜入 | 情報収集 | 謀略 | 暗殺 | 攻撃 | 伝達 |

 **敵を城から誘い出す水月の術
偽りの降伏をする谷入りの術**

　敵の出陣を待つのではなく、意図的に城内の敵をおびき出すための術もある。それを水月の術という。猿が水に映った月を本物と見間違えるように、目の前に好餌をぶら下げられると、つい心を奪われてしまうのが人間の心理というもの。水月の術の名の由来もここにある。

　城から一歩も出てこない敵軍を引きずり出すのにうってつけの餌――、一例として、こちらの部隊を分けて、何か工作を行っているように見せかけるという手がある。小部隊に陣を張らせたり、護衛をほとんどつけずに荷駄隊を移動させたりするなど、敵方に隙を見せつけるのである。

　当然ながらこの動きは策略なのだが、誘い水であることを知らずに敵が城から飛び出してくればしめたもの。小部隊や荷駄隊の背後には後詰めの伏兵を置くなど、手立てを打って守りを固めておき、その上で忍者隊を敵城に送り込んだ。先に紹介した参差の術の使いどころである。

　また、敵の城や陣地を混乱に陥れる手段として、谷入りの術というものもある。合戦中に部隊が敵の仲間になる振りをして、時をみて味方側に戻り敵を攻撃する術である。敵側に入るためにはわざと敵に捕まったり、味方の者を誰か犠牲にして敵軍からの信用を得られるようにした。敵の忍者と親交を持ち、かなり深い仲になると効果は倍増する。

　山彦の術に似ているが、個人レベルではなく、小部隊で偽りの降伏をするのが谷入りの術の特徴である。山彦の術と同様、敵の一員として過ごす間は偽りの降伏であることに気づかれてはならない。むしろ忠勤を心掛けて、いざというときに備えることが肝要だった。そうすることで、その瞬間が来たときの効果が増すのである。

四章　仕事の作法

水月の術

敵をおびきよせて敵城へ忍び込む

水月の術は、わざと敵に隙をみせておびき出す術である。忍者は攻撃には参加せず、敵の情報を盗むことに専念した。

水月の術の仕組み

敵をおびきよせるために、敵城の近くや隠れ場所のない所に陣を張り、何か工作しているように見せかける。これを夕方頃に行うことで、敵に夜襲を計画させやすくした。

夜襲をかける

忍者は夜襲の迎撃には加わらない。敵の合言葉や合い印を調査する。そうすることで敵軍の振りをして陣地に忍びこむことができるからだ。

おびきよせる方法

荷駄隊を、護衛なしで移動させる。

軍勢の一部を、敵城の近くに移動させる。

陣を張らせ、何か工作しているように見せる。

忍びFILE

わざと逃げ道をつくる

敵の城を攻めるとき、一方の道をわざと空けておく。敵がその援軍と連絡をとれるように仕向けた後、忍者は援軍の使者に化けて潜入。忍者は使者として敵軍と兵糧や武器を送る日程を打ち合わせして、当日多数の忍者が敵中に忍び込めるようにした。

毛利元就の水月の術

厳島の戦い（1555年）

毛利元就はわずか5,000の兵で、3万兵いた陶晴賢に勝利した。この時毛利軍は水月の術を使ったという。元就は決戦前、海上の補給路を確保するため、おとりの城を厳島に建てた上で、その城が毛利軍の生命線であるという嘘の情報を敵に流した。陶軍はこの作戦にひっかかって厳島へ上陸するが、小さな島に大軍は入りきれず、身動きがとれないところを毛利軍が一気に攻め滅ぼした。

column ④

忍者は武士と比べると命を落としやすい？

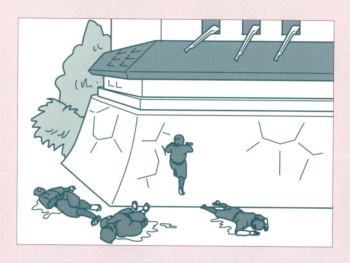

"つねに危険と隣り合わせ"が忍者の宿命

敵陣営に潜入して情報を集め、ときには城に火を放ち、合戦では先陣を切り敵陣に攻め込むことを命じられる——。忍者に課せられた任務はつねに危険が伴う。徳川家康が豊臣秀吉と戦った天正12年（1584）の「蟹江合戦」では、徳川の伊賀者が豊臣方の蟹江城本丸石垣に取りついたが、上から鉄砲で撃たれ多くの者が死んだ。家康は200人もの伊賀者を召し抱えたが、34年間に12回の合戦を行い75人の忍者が戦死。また、大坂冬の陣で、岡山藩の忍者が大川の浅瀬を見つける「瀬踏」を命じられ、冬の冷たい川に入り調査をした。寒さで凍え死ぬ可能性のほうが高かったが、無事に調査を遂行したという。一般武士と比べて忍者の死亡率が高いかどうか不明であるが、危険であることは確かだ。

戦国忍者のその後…
大江戸 忍び図鑑

江戸時代に入り平和な時代がはじまると、忍術の必要性がなくなり忍者が活躍する場は失われていく。戦国時代に活躍した忍者やその末裔たちは、その後どんな職に就き、忍術をどう活かしていったのだろうか。江戸時代に生きる忍者たちの「その後」を見ていく。

忍者ではなく警備員！？
江戸城で働く元忍者のサラリーマンたち

太平の世の訪れとともに、徳川家康が召し抱えていた伊賀や甲賀の忍者は、江戸城の警備員として働きはじめる。もともと鉄砲や警備のスキルに長けていた忍者は、鉄砲隊や一般人が入れない大奥の警備員など特別な職種に就くことになったのである。

鉄砲百人組

江戸城の正門である大手三門（大手門・西丸大手門・内桜田門）を警備した。伊賀組・甲賀組・根来組・二十五騎組の4組がそれぞれ100人ずつ配属され、交代で警備にあたった。彼らの詰めた場所を百人番所といい、現在も皇居東御苑に残されている。

鉄砲隊の構成

伊賀組：伊賀の地侍たちから選抜した組織。現在の青山に組屋敷があった。

甲賀組：組頭は山岡景友。内桜田門、蓮池門、大手三門などの門番を務めた。

根来組：紀州根来山報恩寺の衆徒だった地侍からなる組織。現在の新宿区牛込弁天町あたりに組屋敷があった。

二十五騎組：伊賀・甲賀・根来組の傭兵集団とは異なり、地生えの兵士たちを集めた組織。

御広敷番(おひろしきばん)

大奥の御殿と広敷の境目である御錠口(おじょうぐち)の開け閉めを担当していた。大奥の女性が出かけるときの警備役も務めた。

明家敷番(あきやしきばん)

幕府の所有する空き屋敷の管理を行った。また、新しい屋敷の配分も担当し、大名や旗本から賄賂がもらえたという。

小普請方

幕府が所有する建物の造営・修繕をする仕事。主に大奥や東叡山、役屋敷などに出向き、小規模の修理を担当した。

山里番

西の丸にある山里櫓の門の警備。西の丸は隠居した将軍もしくは跡継ぎの居館として知られる重要拠点であった。

新しい諜報組織の誕生
幕府のスパイ、隠密・御庭番

幕府の密命により情報収集を行った隠密と御庭番。彼らの違いは役職にあり、隠密は御目付の役人として、御庭番は8代将軍徳川吉宗がつくった役職としてそれぞれ特別な任務が言い渡された。

公儀隠密

江戸時代初期からある隠密組織

幕府の密命をうけて秘密裏に情報収集や探索行動をする役人。公的な立場で調査を行い、「御目付」という役職の組織が隠密を務めた。

アイヌ調査も行った隠密

樺太と大陸の間にある間宮海峡を発見した冒険家として有名な間宮林蔵は、幕府の隠密としても知られる。北海道の北にある「樺太」やロシアや清国（中国）などの辺境の地を調べ、得意の変装術でアイヌ民族に変装したり、物乞いになりすまして町中を調査した。

御庭番

徳川吉宗が紀州から連れてきた隠密組織

8代将軍徳川吉宗が紀州から連れてきた隠密組織。表向きは江戸城本丸の庭の掃除を行っていた。将軍から直々に命令が下され、江戸市内や全国諸藩の調査活動を行った。

隠密周り

武家地、寺社地、代官領を除いた江戸市中の防災と治安維持にあたった。現在でいうところの警察のような役回りであった。

遠国御用

江戸付近から離れた地域や、地方に派遣された諸大名の動向調査を行った。商人などに変装し、2～3名がひと組になって行動した。

平和になっても忍者は欠かせない！
各藩に仕えた忍者たち

江戸時代は各藩において忍者を数名から200名以上の範囲で雇っていた。治安維持のために城下の見回りを行った他、近隣の藩の城の規模や町の構成、武力や藩主の能力といった情報を集めた。

藩名	人数
紀州	200人以上
福井	12人
岸和田	50人
彦根	10人

藩名	人数
岡山	10人
弘前	20人
赤穂	5人
松江	30人
川越	50人

御内用（ごないよう）

他国に潜入して政治状況や諸藩の動向を探った。隣国の大名が領地を取り上げられたときや百姓一揆が起きたときなど、大名が領地に立て籠もる可能性が高かった。博打打ちやキリシタンの摘発も行っていたという。

火事場見回
火事が起きないように見回った

江戸時代には火事が発生。それを未然に防ぐため市中を見回った。また、火事の時は町火消に指図した。

不寝番
一晩中寝ないで大名を警護した

大名行列時の殿様は宿泊しているときが一番危ない。忍者は交代で寝ずに殿様警護の番をした。

宗門帳の管理
住民票を火事から守る

宗門帳は住民票や戸籍謄本のようなもの。城が火事になった場合は、忍者が持ち出すことになっていた。

忍術を活かして、その道のプロフェッショナルに

忍者の末裔たち

全国各地にいた忍者たちは、さまざまな分野で忍術を活かして新しい職に就いた。薬・火薬の知識や体術の技は多くの人に受け継がれ、現代にも伝わっている。

医者

**お抱えの医者となった
甲賀者の末裔**

甲賀忍者の望月氏は、もともと医薬に深く関わりがあり売薬業を営んでいた。その筆頭だった望月三英は、薬による治療の効能が広く認められ、徳川家の侍医として名声を浴びた。

薬売り

**薬草の知識を活かして
全国に薬を広めた**

忍者の里だった近江地方は、全国一の薬草の生産地。天皇に納めた薬が73種類にものぼった。そのため近江の忍者たちは医薬の知識に強く、薬品の全国販売業に従事する者もいた。明治・大正期には、甲賀地方出身の薬学博士が多かったという。

商人

**隠密のアジトだった!?
お菓子屋と呉服屋**

菓子舗や呉服屋には忍者に源流を持つ家系が多い。街から仕入れる情報を各地の店で共有し合い、隠密を送り込み潜伏させるなど、菓子舗や呉服屋は忍びの情報網として全国的に組織化されていた。

兵法家

忍術から武術の達人へ

伊達家の忍者として活躍した竹永隼人兼次（たけながはやとかね つぐ）は、武術の道を極め、「柳生心眼流（やぎゅうしんがんりゅう）」という流派を立ち上げた。多くの門人を指導し、現在でも東北地方に伝わっている。

花火師

火術のスキルで花火をつくった

火薬の知識を活かして、花火師になった忍者も多い。彼らは全国に散らばり、特に三河地方の花火師は忍者の系統とされている。諏訪地方の手筒花火は忍術書にある火器の形そのままだという。

職を失い忍術を悪用…
盗賊になった忍者たち

忍びとして職を失った忍者たちは、戦国時代に培った謀略・間諜のスキルを悪用し盗賊になる者もいた。忍者として活躍していた彼らを捕まえるのは容易ではなく、幕府は現在の価値に換算すると1千万円もの莫大な懸賞金をかけて彼らの討伐に力を入れた。

盗賊がいっぱいいた江戸の町
戦国時代が終わると人々は働き場所を求めて江戸に集まった。市内には武家屋敷や商家が建ち並び、町づくりが進められる中で、盗賊たちは強奪や殺傷を繰り返し江戸市中を荒らし回った。

高坂甚内（こうさかじんない）
甲斐の忍者だった高坂甚内は、江戸市中を荒し回る盗賊となった。同じく盗賊落ちした風魔小太郎を甚内は幕府に密告し、その後各地の盗賊たちを集めて裏世界の勢力を大きくしていく。危険視した幕府は甚内を捕縛し処刑した。

石川五右衛門（いしかわごえもん）
天下の大泥棒として有名な石川五右衛門は伊賀の忍者であり、百地丹波から忍術を学んだという伝説を持つ。釜茹で処刑された。

歴史にその名を刻んだ忍者たち

道臣命

大伴細人（入）

源義経・伊勢三郎義盛

楠木正成

服部半蔵正成

風魔小太郎

伴太郎左衛門資家

松尾芭蕉

歴史を紐解くと、あきらかに忍者と思われる人物と、忍者と疑わしき人物の2種類が存在する。後者はなぜ疑わしいかといえば、人並みはずれた能力を持っていたのはもちろんのこと、出身地や行動から忍者と評するしか説明がつかないからである。歴史に名を刻んだ忍者と、まことしやかに忍者と伝えられる人物を詳しく追っていく。

道臣命
みちのおみのみこと

日本の最古の勅撰歴史書『日本書紀』に登場する道臣命。神武天皇が行った東征では先鋒を務め、「諷歌倒語の術」を使ったとされる。この術は歌や言葉に暗号を組み込むというもので、敵に悟られずに意表を突いた攻撃が可能となる。奇襲は忍者が得意としただけに、彼こそが忍者の始祖ではないかといわれている。

生没年：紀元前600年頃
出身：不明
主君：神武天皇
流派：不明

大伴細人（細入）
おおとものさびと（さいにゅう）

聖徳太子から「志能便（または志能備）」という忍者の原型となった役職を与えられた人物。日本最古の忍者とする説があるが定かではない。587年に起きた丁未の乱では、物部守屋のクーデターを阻止するために、陰謀を用いて守屋を誘い出す謀略にひと役買った。その後、細人（入）は甲賀にわたり甲賀流の祖になったとされる。

生没年：不明
出身：不明
主君：聖徳太子
流派：甲賀

源 義経・伊勢三郎義盛
（みなもとのよしつね・いせさぶろうよしもり）

武蔵坊弁慶と五条大橋で対峙した際の身のこなしや、壇ノ浦の戦い（1185年）で船から船へと飛び移った「八艘飛び」などが、忍者と評される所以（ゆえん）。また、武将として名高い義経の忠臣・伊勢三郎義盛も忍者といわれている。その理由は、忍術の極意を詠んだ『義盛百首』（P68）の作者として伝えられているためである。

源義経

生没年：1159年～1189年
出身：京都　主君：なし　流派：義経流

伊勢三郎義盛

生没年：？～1186年
出身：伊賀　主君：源義経　流派：伊賀流

楠木正成
（くすのきまさしげ）

幕府や荘園領主に抵抗するために、独自の武力を行使した「悪党」が忍者のルーツとする説もある。南北朝時代の名武将・楠木正成も悪党の出身で、武士とは思えぬ変幻自在の奇襲戦法を得意としていた。さらに伊賀忍者の代表格である服部氏が楠木氏と血縁関係にあることから、「正成＝忍者」という説は根強い。

生没年：1294年～1336年
出身：河内
主君：後醍醐天皇
流派：楠木流

服部半蔵正成
<small>はっとりはんぞうまさなり</small>

服部半蔵は個人名ではなく代々受け継がれる当主の名前。正成は、「忍者の父」と称えられる服部半蔵保長の五男。保長は忍術書『忍秘伝』の執筆者とされるが、正成は徳川幕府設立の立役者。保長の家督を継いで家康に仕えると、遠江掛川城攻略、姉川の戦い、三方ケ原の戦いなどで戦功を重ねた。本能寺の変が起きた際、堺に滞在していた家康を三河に送り届けたのも正成だったという。

生没年：1542年〜1596年
出身：伊賀
主君：徳川家康
流派：伊賀流

風魔小太郎
<small>ふうまこたろう</small>

後北条氏に仕えた風魔小太郎は、服部半蔵と同様に個人名ではなく当主の名前である。『北条五代記』の記述によると、出身は相模国足柄下郡の風間村。北条早雲の時代から戦の呼びかけがあれば応じる関係で、夜目が利く訓練をしていたため夜襲が得意だったという。また、5代目の風魔小太郎は妖鬼のごとき風貌で、身長は2.2mもある大男。ひとたび叫べば5.5km先まで達したらしい。

生没年：？〜1603年？
出身：相模
主君：後北条氏
流派：乱波

伴太郎左衛門資家
<small>ばん た ろう ざ え もん すけ いえ</small>

織田信長から厚い信頼を得ていた伴太郎左衛門資家。甲賀者の中でもっとも勢いがあった伴家の当主で、大伴細人（入）が祖先ともいわれる。明智光秀が謀反を起こした本能寺の変では、信長の側近として明智軍と応戦。その際に本能寺が炎に包まれたのは、太郎左衛門が火薬を使ったからだとされている。火薬による爆発ならば、信長の遺体をいくら探しても見つからなかったという話もうなずける。

生没年：？〜1582年？
出身：甲賀
主君：六角氏、松平氏、織田氏
流派：甲賀流

松尾芭蕉
<small>まつ お ば しょう</small>

全国を行脚した俳諧師として知られる松尾芭蕉の出身地は伊賀。しかも、彼が俳句を教わったのは、藤堂采女元則<small>とうどううねめもとのり</small>という人物で、服部半蔵正成の従兄弟の子にあたる。陸奥・出羽から越後・加賀へと回った『奥の細道』では、45歳という年齢にもかかわらず一日で数十kmという山道を踏破。尋常ではない体力に加え、旅費を誰が出したかも不明。一説によると徳川家が抱えた隠密だともいわれている。

生没年：1644年〜1694年
出身：伊賀
主君：なし
流派：不明

忍者年表

年	忍者の歴史	世の中の出来事
紀元前660年	神武天皇が日本を建国するため東征した際、道臣命が忍術を用いて先鋒を務める	紀元前1500年 稲作が開始
紀元前221年	中国の方術と呼ばれる技術を身につけた方師・徐福が、秦の始皇帝に命じられ不老不死の妙薬を探す中で日本に上陸。その後、忍者になったという説がある	前300年 弥生時代がはじまる 57年 倭の奴国王、後漢（中国）に朝貢。印綬を授けられる
587年	聖徳太子が志能備として大伴細入（細人）を使い、有力豪族だった物部氏を滅ぼす（丁未の乱）	538年 百済より仏教公伝
672年	大海人皇子が家臣の多胡弥を間者（忍者）として起用する	645年 中大兄皇子・中臣鎌足らが蘇我氏を滅ぼす（乙巳の変） 794年 平安京に遷都
953年	「平将門の乱」で甲賀者の祖とされる望月三郎兼家が功績を挙げる	
1053年〜1055年	東大寺領の荘園・黒田荘から「黒田の悪党」と呼ばれる武士団が生まれる。これがのちに伊賀者の祖とされる	1016年 藤原道長、摂政となる
西暦不明	平安時代豪族・藤原千方が忍者の原型とされる四鬼を使って朝廷に反乱を起こす	
1169年	源頼朝の弟・義経が鞍馬山で村雲流の常陸坊海尊に忍術を教わったとされる	1156年 保元の乱 1159年 平治の乱
1185年	源義経の四天王のひとりであり忍者の伊勢三郎義盛が、平家の総大将・平宗盛と息子の清宗を捕らえる	1185年 平家滅亡
1189年	鎌倉時代の武将・南部光行が甲斐の国から奥州へ移った際に、忍者の唐兵部政道を引き連れた	1192年 源頼朝が鎌倉幕府を開き、武家政権がはじまる
1282年	東大寺側が荘園をめぐり、のちに伊賀忍者の祖とされる悪党と対立	1274年 文永の役（元軍が九州に襲撃） 1281年 弘安の役（来襲）
1331年	鎌倉時代末期の武将・楠木正成が伊賀忍者を従えて、鎌倉幕府倒幕運動の「元弘の乱」で活躍	1336年 足利尊氏が室町幕府を京都で創始
1338年	軍記物『太平記』に「忍」として、はじめて忍者の存在が記される	1338年 足利尊氏が征夷大将軍となる 1392年 南北朝合一

ルーツの時代

史実の忍者の時代

年	出来事	関連事項
1487年	戦国武将・六角高頼が甲賀忍者の協力で、足利義尚の大軍勢を撤退させる（鈎の陣）	1401年 足利義満が第1回遣明船を派遣 1428年 正長の土一揆が起こる
1492年	六角高頼は足利義尚の死後に将軍職を継いだ足利義稙に再び攻められるも甲賀忍者に守られる	1493年 伊勢盛時（北条早雲）が伊豆に侵略
1541年	伊賀衆が笠置城を襲撃、放火したと僧侶の日記『多聞院日記』に記される	
1542年	伊賀忍者・服部半蔵が三河国で生まれる	1543年 種子島に鉄砲が伝わる
1546年	風間小太郎配下・二曲輪猪助が調査のため上杉軍の柏原陣に潜入する	1549年 キリスト教が伝わる
1555年	伊賀衆11人の忍者が大和高田城を襲撃する	1553年 川中島の戦い
1558年	織田信長が饗談と呼ばれる忍者集団を重用し、尾張国を統一	1557年 毛利元就が大内義長に勝利する
1559年	美濃の戦国武将・斎藤義龍が信長暗殺のために忍者を仕向けるも失敗	
1560年	・自らの在地領主権を守るために、伊賀者が手を取り合う（伊賀惣国一揆） ・伊賀の木猿が大和・十市城を攻撃する	1560年 桶狭間の戦い
1561年	・戦国大名の六角義賢が百々氏の居城を攻める際、伊賀忍者・伊賀崎道順が活躍 ・戦国武将の浅井長政が伊賀忍者を使って近江・太尾城を放火する ・戦国武将の上杉謙信が抱える忍者集団「伏齧」が、武田信玄の作戦を察知し、上杉軍は武田軍より先に攻撃することに成功 上杉謙信の家臣であり、「乱波大将軍」と呼ばれた忍者の長野業正が死去	1561年 上杉謙信、上杉憲政が関東管領の職を譲られる
1562年	・徳川家康が伊賀衆を使い、上ノ郷城を夜襲する ・北条氏が風魔党の忍者を使って、葛西城を撹乱させたのちに攻略	1562年 織田信長と徳川家康が同盟を結ぶ 1568年 織田信長が足利義昭を奉じて入京
1570年	鉄砲名人であり忍者の杉谷善住坊は六角義賢の命を受け織田信長を撃ったが、失敗に終わる	1570年 姉川の戦い 1571年 織田信長が比叡山を焼き討ち
1572年	忍者の服部半蔵正成が三方ケ原の戦いで一番槍の功績を上げる。戦功として徳川家康から伊賀衆150名を預けられる	1573年 織田信長が足利義昭を追放。室町幕府が滅亡する

	年	出来事	関連事項
史実の忍者の時代	1578年	羽柴秀吉（豊臣秀吉）が毛利方の上月城を攻撃した際、毛利方の忍者である佐田彦四郎が下忍を率いて羽柴軍を撹乱した	1575年 長篠の戦い 1576年（～79）安土城築城 1578年 耳川の戦い
	1579年	・伊賀流忍者・城戸弥左衛門他ふたりの忍者が鉄砲で信長を狙うも失敗に終わる ・織田信長の息子・信雄が伊賀攻略を開始。伊賀忍者のゲリラ戦術により敗走する ・北条氏政と武田勝頼が対峙した「黄瀬川の戦い」において、北条方の風魔忍者の中に武田の曲者が潜入するも発見され、討たれる	1579年 安土城の天守閣が完成する
	1580年	伊賀衆が水堀をわたって織田信長の城へ忍び込むことに成功する	1580年 石山本願寺が織田信長に降伏
	1581年	・織田信雄が伊賀を取り囲み、伊賀忍者に勝利する（第二次天正伊賀の乱） ・忍者の弥座衛門がまたしても信長暗殺に失敗	1581年 鳥取城の戦い
	1582年	・本能寺の変が起きた際、大坂・堺にいた徳川家康。服部半蔵正成率いる伊賀忍者の協力で三河に逃げ帰る（伊賀越え） ・戦国武将の前田利家が忍者集団の偸組を使い石動山を焼き払う（石動山合戦）	1582年 本能寺の変で織田信長が自害
	1585年	真田信繁（幸村）に仕えていた割田下総守重勝が北条氏との戦いで活躍	1585年 豊臣秀吉が関白となる
	1586年	・戦国武将の伊達政宗が忍者集団・黒脛巾組を創設する ・黒脛巾組が人取橋の戦いに参戦する	1587年 バテレン追放令
	1588年	・黒脛巾組が郡山合戦で活躍し、伊達軍を勝利へと導く ・忍者の石川掃部頭頼明が徳川家康暗殺を企てる	1588年 刀狩令
	1594年	大泥棒であり忍者の石川五右衛門ら11名が秀吉の配下の前田玄以に捕らえられ、処刑される	1590年 豊臣秀吉が奥州を平定し全国統一完成
	1600年	・関ケ原の戦いにおいて、井伊直政が忍者を西軍の諸将のもとへ派遣する ・伏見城の戦いに甲賀忍者が参加 ・甲賀同心支配役の山岡道阿弥景友のもとに甲賀百人組が結成される	1600年 関ケ原の戦い
	1604年	・服部半蔵正成の死後、長男の正就は伊賀組組頭を継ぐが、配下の伊賀者により罷免を要求される ・大坂冬の陣において、豊臣方がこもっている大坂城に家康方が伊賀、甲賀忍者を潜入。大坂城を開城させることに成功する	1603年 徳川家康が征夷大将軍に就任し、江戸幕府を開く

史実の忍者の時代

年	出来事	関連事項
1623年	伊賀に武士に準ずる特権階級制度「無足人制度」が成立。戦国時代に活躍した忍者たちが伊賀の治安にあたる	1615年 大坂夏の陣が起こる。豊臣氏が滅亡 1624年 スペイン船の来航が禁止される
1636年	津藩に伊賀忍者20人が藩士として雇われる	
1637年	・津藩が他国に仕える伊賀者の国外追放を強化 ・島原の乱を鎮めようとした幕府の松平信綱の命で、望月右衛門ら10人の甲賀忍者が参加する	1637年 島原の乱が起こる 1639年 ポルトガル船の来航が禁止される
1643年	忍者の流派である義経流を受け継いだ井原番右衛門頼文が福井藩に仕える	
1672年	甲賀出身の芥川九郎左衛門義道が、加納藩の戸田家に忍術をもって仕える	1657年 明暦の大火(江戸城本丸が焼失) 1669年 シャクシャインの戦い
1674年	津軽藩が忍者組織・早道之者を設ける	1673年 三井高利が越後屋呉服店を開く
1676年	忍者の藤林保武が忍術書『万川集海』を編纂	1675年 代官の伊奈忠易が小笠原諸島を探検
1679年	最初の忍者研究家ともいわれる菊岡如幻が『伊乱記』を編纂する	1680年 徳川綱吉が五代将軍になる 1685年 (〜1709)生類憐みの令
1716年	徳川家8代将軍の吉宗が密偵を主な任務とする御庭番を設置する	1716年 徳川吉宗による享保の改革がはじまる 1732年 享保の飢饉が起こる
1760年	上野城城代・藤堂采女が『三国地誌』を編纂する	
1789年	忍者の大原数馬らが江戸幕府に『万川集海』を提出する	1787年 松平定信による寛政の改革がはじまる
1829年	御庭番の間宮林蔵が外国人と交流のある高橋景保を幕府に密告	1841年 水野忠邦による天保の改革がはじまる
1853年	津藩に仕えた忍者・澤村甚三郎保祐が黒船に潜入し探索する	1853年 ペリーが浦賀に来航
1863年	甲賀者出身者で固められた甲賀勤皇隊が編成。楽譜軍として軍事活動を行う	1867年 大政奉還。王政復古の大号令

参考文献

『「もしも？」の図鑑　忍者修行マニュアル』山田雄司監（実業之日本社）

『忍者はすごかった　忍術書81の謎を解く』山田雄司著（幻冬舎）

『忍者・忍術　超秘伝図鑑』山田雄司監（永岡書店）

『そろそろ本当の忍者の話をしよう』山田雄司監　佐藤強志著（ギャンビット）

『忍者の誕生』吉丸雄哉・山田雄司編（勉誠出版）

『忍者の歴史』山田雄司著（角川選書）

『完本 万川集海』中島篤巳訳註（国書刊行会）

『忍者の兵法　三大秘伝書を読む』中島篤巳著（KADOKAWA）

『忍者の掟』川上仁一著（KADOKAWA）

『The NINJNA　－忍者ってナンジャ!?－　公式ブック』
「The NINJNA－忍者ってナンジャ!?－」実行委員会監（KADOKAWA）

『忍者の末裔　江戸城に勤めた伊賀者たち』高尾善希著（KADOKAWA）

『新人物文庫　伊賀・甲賀　忍びの謎』『歴史読本』編集部編（KADOKAWA）

『新装版　忍法　その秘伝と実例』奥瀬平七郎著（新人物往来社）

『別冊歴史読本　伊賀・甲賀　忍びの謎』(新人物往来社）

『忍術　その歴史と忍者』奥瀬平七郎著（新人物往来社）

『もっと知りたい！忍者』日本忍者研究会著（三笠書房）

『これマジ？　秘密の超百科⑫　秘伝解禁！忍者超百科』黒井宏光監（ポプラ社）

『忍者図鑑』黒井宏光著（ブロンズ新社）

『イラスト図解　忍者』川上仁一監（日東書院）

『戦国の情報ネットワーク』蒲生猛著（コモンズ）

『忍者を科学する』中島篤巳著（洋泉社）

『歴史グラフィティ　忍者』桔梗泉編（主婦と生活社）

『歴史群像シリーズ71　忍者と忍術　闇に潜んだ異能者の虚と実』(学習研究社）

『忍者の生活』山口正之著（雄山閣出版）

『図解　忍者』山北篤著（新紀元社）

『ここまでわかった甲賀忍者』甲賀流忍者調査団監　畑中英二著（サンライズ出版）

『戦国忍者は歴史をどう動かしたのか？』清水昇著（KKベストセラーズ）

『日本史の内幕』磯田道史著（中央公論新社）

『歴史の愉しみ方』磯田道史著（中央公論新社）

『イラストでみる　戦国時代の暮らし図鑑』小和田哲男監（宝島社）

『幕府御家人　伊賀者の研究』井上直哉著

『忍者検定読み本　忍びの知識　免許皆伝への道』甲賀忍術研究会編（甲賀市観光協会）

監修　山田雄司（やまだ・ゆうじ）

1967年静岡県生まれ。京都大学文学部史学科卒業。亀岡市史編さん室を経て、筑波大学大学院博士課程歴史・人類学研究科史学専攻（日本文化研究学際カリキュラム）修了。博士（学術）。現在、三重大学人文学部教授。国際忍者研究センター（三重県伊賀市）副センター長。著書に『怨霊とは何か』（中公新書）、『忍者の歴史』（角川選書）、『忍者はすごかった　忍術書81の謎を解く』（幻冬舎新書）、『忍者の精神』（角川選書）など多数。

STAFF

企画・編集	細谷健次朗、柏もも子
営業	峯尾良久
編集協力	野田慎一、野村郁朋、武富元太郎、上野卓彦
イラスト	熊アート
デザイン	森田千秋（Q.design）
表紙デザイン	酒井由加里（Q.design）
校正	高橋真梨萌（ヴェリタ）

戦国　忍びの作法

初版発行	2019年8月29日
第2刷発行	2023年11月28日
監修	山田雄司
発行人	坂尾昌昭
編集人	山田容子
発行所	株式会社G.B.
	〒102-0072　東京都千代田区飯田橋4-1-5
	電話　03-3221-8013（営業・編集）
	FAX　03-3221-8814（ご注文）
	https://www.gbnet.co.jp
印刷所	株式会社シナノパブリッシングプレス

乱丁・落丁本はお取り替えいたします。本書の無断転載・複製を禁じます。

© Yuji Yamada／G.B. company 2019 Printed in Japan
ISBN 978-4-906993-76-5

歴史の舞台裏がよくわかる G.B.の作法シリーズ

戦国 戦の作法
監修：小和田哲男
戦国武将を下支えした「足軽」や「農民」たちのリアルを追う。
定価：本体1,500円＋税

大江戸 武士の作法
監修：小和田哲男
江戸期の下級武士たちはどんな場所に住み、何を食べていたのか!?
定価：本体1,600円＋税

戦国 忍びの作法
監修：山田雄司
本当の忍者は空を飛ぶことはなく、手裏剣も投げることはなかった。
定価：本体1,600円＋税

幕末 志士の作法
監修：小田部雄次
幕末の時代を生きた志士たち。志を持っていたのはひと握りだった。
定価：本体1,600円＋税

戦国 忠義と裏切りの作法
監修：小和田哲男
忠誠を誓いつつも、寝返ることが常態化していた「家臣」がテーマ。
定価：本体1,600円＋税

近現代 スパイの作法
監修：落合浩太郎
近現代のスパイが実際に使っている道具や、行っている活動を白日の下にさらす。
定価：本体1,600円＋税

平安貴族 嫉妬と寵愛の作法
監修：繁田信一
風流なイメージがある平安貴族。実際は過酷な競争社会の中で生きていた。
定価：本体1,600円＋税

戦国 経済の作法
監修：小和田哲男
ゼニがなくては戦はできぬ！経済の視点から読み解いた戦国の作法。
定価：本体1,600円＋税

大江戸 年中行事の作法
監修：小和田哲男
町人文化が最盛期を迎えた江戸時代。年中行事が持つ意味や歴史を解き明かす。
定価：本体1,600円＋税

現代 刑務所の作法
監修：河合幹雄
受刑者はどのような日々を過ごしているのか。刑務所内のリアルを探る。
定価：本体1,600円＋税

新世界 海賊の作法
監修：山田吉彦
海の荒くれ者である海賊は、大航海時代の船上で何を食べ、どんな生活を送ったのか。
定価：本体1,600円＋税